KB202500

목사가 힘듦을 이겨낼 때

고난을 대하는 목회자의 자세에 관하여

목사가 힘듦을 이겨낼 때
고난을 대하는 목회자의 자세에 관하여

류승동 지음
김일환 엮음

1판 1쇄 인쇄 2022.12.10. | **발행처** 우.리.가.본.
발행인 김일환 | **디자이너** 이지윤
편집 이민구, 정연미 | **포토그래퍼** 박지원
마케팅부 kih1037@naver.com

등록번호 제 003호 | **등록일자** 2022.10.1.
서울특별시 영등포구 신길1동 199-22호

ISBN 979-11-964985-3-5
저작권자 Copyright © 김일환 2022.

고난을 대하는
목회자의 자세에 관하여

목사가 힘듦을 이겨낼 때

류승동 지음 | 김일환 엮음

Y

고난의 시대를 살아가는 사람들에게 깊은 통찰력을 주는 길라
잡이가 되길

요사이 시중에 출간되는 책 중에 고난을 주제로 다룬 책들이
많다. 사실은 고난은 최근의 주제만은 아니다. 고난은 예나
지금이나 인생들에게 있는 문제이다. 이에 인생을 120년을 살
았던 모세도 "우리의 수명은 칠십 년, 힘이 있으면 팔십 년이
지만, 인생은 고생과 슬픔으로 가득 차 있고, 날아가듯 인생
은 빨리 지나간다"(시 90:10)고 설파한다.

저자는 본서를 통해서 우리가 인생에서 겪을 수 있는 어려
운 문제를 4가지로 구분한다. 목회자 개인이 겪는 고난의 문
제, 목회자의 사역에서 겪을 수 있는 문제, 목회자의 비전의

문제, 그리고 사람들과의 문제이다.

저자는 본서를 통해서 고난의 문제를 주변 환경에서 찾지 않고 하나님과 교회 앞에서 깨어지지 않는 목회자의 태도에서 찾는다. 철저한 자기반성이라는 창을 통해서 문제를 해석하는 저자의 태도는 본서를 접하는 이에게 탁월한 통찰력을 줄 것이라 의심치 않는다.

저자는 결코 암울한 부정적인 이야기를 하는 것이 아니다. 또 근거도 없는 낙관론을 제시하는 것도 아니다. 오히려 다중적인 상황에서도 목회자가 시대성을 정확하게 해석하며, 그것에 맞게 준비되어야 할 영역에 대해서 이야기를 한다. 즉 저자는 목회자는 끊임없이 준비하고 노력해야 하는 사람임을 강조한다.

특별히 본서는 우리 모두가 공감할 수 있는 일상적인 문제들에 대해 묻고 답하는 형식을 취하고 있다. 저자의 생각을 일방적으로 써나가는 책이 아니라 대담 형식을 취하므로 독자들로 하여금 한 박자 쉬어가도록 하는 쉼을 준다는 점에서 박수를 보낸다. 또 어려운 문제를 편하게 여유 있게 대할 수 있어서 공감대를 더 높여주고 있다.

본서는 목회자들을 대상으로 쓰여졌지만 이는 목회자들에게만 국한되는 문제가 아니라 일반인도 사역의 영역은 다르나 함께 공감할 수 있어서 좋았다.

김주헌 목사
북교동교회 / 기독교대한성결교회 총회장

류승동 목사님은 부드럽지만 강인한 인상을 주시는 분이십니다. 겸손한 가운데 자신의 소신대로 성실하게 일하시는 분임을 우리는 잘 알고 있습니다. 이 책은 자신이 소신껏 목회를 해 오신 그 세월을 반추하면서 여러 동료들앞에 그리고 후배들을 위해서 정말 갖어야 할 목회자의 자질을 논하고 있습니다. 거기에는 자신의 삶의 과정을 통한 회한과 하나님 앞에서 가졌던 은총의 시간에 대한 깊은 감사가 있습니다.

목회자가 가져야 할 필요하고도 충분한 조건에 대한 해답을 류승동 목사님은 다른 곳에서가 아니라 목회의 본질로부터, 즉 목회를 대하는 목회자 자신의 태도로부터 답을 구하고자 합니다. 그리고 이 책을 통하여 목회자가 가져야 할 기본적인 요구조건들은 목회자가 자신이 풀어야 할 문제들로서 만난 그 어려운 난제와 고난들에 대한 태도와 연관이 있음을 보여주었습니다. 류승동 목사님은 이 책에서 목회의 다양한 문제들을 제시하고 그 문제를 해결하기 위한 쉬운 요령이나 옛 어른들의 잠언집을 제공하지 않습니다. 그는 오히려 이 목회의 문제를 진지하게 대하면서 그것을 포용하려는 근본적인 태도에서 목회의 근본적인 문제가 풀린다고 말하고 있습니다. 우리가 우리의 인생의 고난을, 특히 억울하고도 참기 힘든 고난의 문제들을 하나님에 대한 진지한 신앙의 관점으로 포용하고 이해할 수 있기 위해서 진지하게 하나님을 신뢰해야 했던 것처럼 바로 그런 태도에서 목회의 첫 시작을 가다듬고 있는 것입니다.

그래서 목회자 자신의 여러 가지 경우들, 개인적 한계를 생각하게 만드는 여러 경우들이나, 사역 자체의 현장에서 파생되는 다양한 문제점들, 그리고 목회의 비전과 연관된 시험과 혼란스러움과 연관된 이 모든 경우들에서 류 목사님은 동일한 태도, 하나님 앞에서 이 문제들을 대하는 태도를 가지고 그 도전들을 헤쳐나가야 한다는 사실을 강조합니다. 그러한 태도 속에서 그는 미래를 기대할 수 있다고 자신있게 설파합니다. 류 목사님의 삶이 이것을 증거해주는 것 같습니다.

마지막으로 이 책은 대담자와 류 목사님이 대화하는 형식으로 기술되어 있어서 읽기에 평이하고 쉽게 접근할 수 있는 방식이었습니다. 마치 류 목사님에게 직접 묻고 답을 얻는 것 같은 방식으로 기술되어 있어서 모든 평신도나 목회자들이 유익하게 볼 수 있는 책이라고 받아들일 것 같습니다.

오랜기간 교단의 다양한 일을 맡아 수고해 주신 류 목사님의 생각과 비젼이 녹아있는 것을 발견하고 큰 기쁨가운데 읽었습니다. 이 책이 진지한 신앙을 모색하는 모든 분들에게 큰 도움이 될 것이라고 확신하며 우리 성결가족들에게 일독을 진지하게 권면합니다.

황덕형 목사
서울신학대학교 총장

오늘날 많은 사람이 겪는 마음의 아픔 중 하나가 바로 '스마일 마스크 증후군'이다. 겉으로는 밝게 늘 웃고 있지만, 속으로는 마음이 힘든 상태인 '스마일 마스크 증후군'! 예전부터도 이런 아픔은 있었지만, 특별히 서비스업과 엔터테인먼트 산업이 발달한 오늘날에 들어 많이 발견되고 있다. 그중에서도 필자가 볼 때, 이러한 마음의 아픔을 갖고 사는 대표적인 직종이 바로 목회자이다.

왜 그럴까? 목회자는 뜻하지 않은 때에, 성도들을 만나야 할 일이 많다. 또 성도들의 마음 하나하나에 공감하고, 그들의 요구를 최대한 반영해야 한다. 그것만 잘하면 되는가? 아니다. 서로 상충하는 요구를 모두가 납득하도록 조율하고, 그와 동시에 의도하는 방향대로 교인들을 끌고 가야 한다. 무엇보다 큰 애로사항은 이 모든 일을 기쁨과 감사로, 확신이 묻어나는 겸손으로 감당해야 한다는 것이다. 한마디로 말해서 슈퍼맨이 되어야 한다.

그러다 보니 겉으로는 웃고 있는데, 속에서는 힘든 목회자들이 많다. 필자도 수없이 경험했다. 그나마 필자에게는 힘들 때 언제라도 조언을 구할 수 있는 경험자가 있어서, 숱한 고비를 넘을 수 있었다. 그런데 주변을 보면, 언제라도 조언을 구할 수 있는 경험자가 없어서 혼자 힘들어하는 목회자들이 의외로 많다. 그런 점에서 이 책은 한국교회의 목회자들을 위해, 진작 나왔어야 하는 책이었다. 이제라도 이런 책이 나와서 정말 다행이고, 특별히 류승동 목사님을 통해서 이 책이 나오게 된 것이 정말 다행이다.

필자가 아는 류승동 목사님은 한마디로 건실한 목회를 하는 분이다. 그리고 지금의 건실한 목회를 감당하기까지, 수없는 고비를 넘어오신 분이다. 그런 점에서 자신의 지난 경험을 솔직하게 담아낸 이 책은 지금도 여러 문제로 힘들어하는 목

회자에게 도움이 될 것이라 확신한다. 바라기는 이 책을 통해
도움받는 목회자들이 나와서, 궁극적으로 한국교회가 더 멋
지게 세워지기를 기대해본다.

김학중 목사
꿈의교회 / CBS 재단이사장

지금 한국교회는 어느 때보다 어려운 시기를 보내고 있습니다. 그렇지 않아도 여러 가지 상황으로 한국교회의 정체를 말했었는데 코로나19의 팬데믹까지 겹쳐서 더욱 힘들어졌습니다. 그래서 당연히 목회자들이 가장 힘든 시기를 보내고 있습니다. 이럴 때 류승동 목사님께서 '목사가 힘듦을 이겨낼 때'라는 책을 출판하게 된 것은 참 다행이라고 생각합니다.

류승동 목사님은 우리교단에서 법 전문가로 알려졌을 뿐 아니라 인격적이고 논리적이며 상식적인 분으로 정평이 나 있습니다. 류승동목사님은 누구보다 힘들고 어려운 환경을 극

복하고 이겨내신 분입니다. 그래서 이 책은 연구실에서 나온
것이 아니라 교회와 목회현장에서 나왔습니다. 책에서 밝혔
듯이 류승동목사님은 가난도 이겨내고, 지체장애도 극복하
고, 목회현장의 힘듦도 이겨내고 승리하셨습니다. 류승동목사
님은 책에서 그 비결이 '태도'에 있었음을 웅변하고 있습니다.
다른말로 '목회자의 본질 회복'을 해결책으로 제시하고 있
는데 전적으로 동감합니다. 코로나19를 이기는 길은 뉴노멀
(New Normal)이 아니라 본질(Basic Normal)로 돌아가는 것이기
때문입니다.

　　그러나 류승동목사님은 태도의 전환에만 초점을 맞추고
있지 않습니다. '기도'에 방점을 찍고 있습니다. 그래서 더욱
좋습니다. 기도 없이는 목회의 본질 회복이 힘들고, 기도 없
이는 우리의 태도를 하나님의 관점으로 바꿀 수 없기 때문입
니다. 이런 시기에 많은 사람들이 환경을 탓하고, 환경 때문에
힘들어하고 있습니다. 이 책을 읽으면서 류승동목사님의 경험
과 태도를 거울삼아 모든 힘듦을 이겨내기를 바라며 모든 목
회자들에게 일독을 권합니다.

윤학희 목사
천안교회 / 교단 해외선교위원장

목사님의 책을 읽으며 다시 한 번 본질에 충실해야겠다는 마음을 가져봅니다.

책 속에서 저에게 은혜가 되었던 부분 몇 가지를 정리해 보면

1. 보통 목회자들이 목회의 힘듦을 이야기할 때 이런 말들을 자주 하곤 합니다.

목회 환경이 힘들다. 부흥이 안 되는 시대다. 개척이 안 되는 시대다.

환경을 이유로 목회자의 힘듦을 이야기하는데 물론 일정 부분 일리는 있지만 가장 본질적인 것은 환경이 아니라 목회자 자신의 문제입니다.

2. 대부분 목회자가 빠지기 쉬운 함정은 더 본질적인 해결책을 찾기 보다는 방법론으로 문제를 해결하려는 것입니다.

3. 설교는 설교자의 인격이 매개체가 되어야 합니다. 인격이 뒷받침되지 않은 상태로 전달되는 수단만 생각하면 돌파구를 마련할 수 없습니다.

4. 육체적 연약함이 있지만 하나님이 사도 바울에게 주신 말씀으로 인해 이 문제에서 벗어나게 되었습니다.

"나에게 이르시기를 내 은혜가 네게 족하도다 이는 내 능력이 약한 데서 온전하여짐이라 하신지라 그러므로 도리어 크게 기뻐함으로 나의 여러 약한 것들에 대하여 자랑하리니 이는 그리스도의 능력이 내게 머물게 하려 함이라" (고후 12:9).

하나님은 사도 바울에게 은혜의 수단으로 육체의 가시를 안고 살아가게 하셨습니다.

5. 목사는 권위가 아니라 권위 의식을 내려놓아야 합니다

목회자의 영적 권위는 세워져야 하고 존중되어야 합니다 다만 목회자라는 신분 때문에 주어지는 권위가 아니라 목회자의 성경적 삶을 통해 교인들이 저절로 존중하게 되는 권위가 필요합니다. 목회자이기 때문에 교인들이 나에게 순종해야 한다는 권위 의식은 교인들과 원만한 관계를 맺지 못하게 하는 장애 요인이 됩니다.

오랜 목회생활을 통해 깊이 우려나온 곰탕처럼 주신 교훈들을 마음에 새기며

다시 목회를 뒤돌아보며 앞으로 본질에 충실한 목회를 해야겠다는 다짐을 합니다.

귀한 가르침에 감사를 드립니다

유승대 목사
은평교회 / 교단 국내선교위원장

'그대에게는 열병(熱病)이 있습니까?' 푸석한 질문이지만, 어떤 이들에게 이 단촐한 물음은, 온 가슴을 적실 질문이기도 합니다. 이 질문에 사연을 가지고 있는 사람들은 행복한 사람입니다. 그 이유는 언제든지 이 질문은 하나의 세계를 다시 창조하기 때문입니다. 그것은 잃어버린 꿈과 지나간 시절들, 사라진 기회들의 부활입니다. 부활한 그 존재는, 오늘 내 앞에 있는 담벼락도, 절벽도, 모두 뛰어 넘게 합니다.

'목회자란 누구일까요?', '목회자란 무엇일까요?' 이 이름에 얽히고 설켜 있는 수많은 덩어리들과 모양들은 여러 가지로 정의가 가능하겠지만, 특별히 목회자는 이런 질병이 있는 사람들입니다. 그런 가슴의 불이 있는 사람들입니다. 그 불은 자신의 것을 이루고 싶은 '야망'이 아니라, 하나님의 것을 이루고 싶은 '소망'입니다. 이 선명함과 강렬함이, 이 땅의 많은 직업 중에서, 목회자와 다른 이들을 구분하게 하는 것입니다. 모두 다 하나님을 위해서 살고 싶은 소망이 있지만, 목회자는 하나님을 위해서 죽을 수도 있는 가망이 있는 사람입니다. 적어도 목회자의 역사는, 자신의 이름과 자존심, 가능성과 기능성을 모두 바다에 던진 사람들입니다. 단지, 하나님의 것을 이루기 위해서입니다. 그것이면 충분하다고 말하는 사람들입니다. 물론, 이 말에 동의하지 않는 사람들도 있을 것입니다. 그러나 확신하는 바는, 이 단순한 영적인 논리도 이해하지 못하는 사람은, 하나님이 부르신 목회자는 아닐 것입니다. 여전히 아름다운 그 길을 걷는, 목회자는 숭고하며, 거룩하며, 진지한 사람들입니다.

그러나 그런 목회자의 길은 환영보다는, 아픔이 많습니다. 박수보다는 슬픔이 많습니다. 쉽지 않은 길이기에, 고난이 오는 것도 어렵지 않습니다. 이 땅의 모든 성장의 과정은 아름다운 법이라고 하였습니다. 그러나 목회자의 성장은, 아름답지만은 않은 법입니다. 그 과정을 표현할 수 있는 재주는 저에게 없습니다. 단, 가장 평범하고 보통의 문법으로 이렇게는 말할 수 있습니다. 모든 목회자는 '힘듦'을 가지고 있다 라고요. 그가 가장 푸릇한 학생의 신분으로 신학교의 대문을 두드릴 때부터, 사역자의 과정으로 장성할 때 까지 말입니다. **한 순간도 쉽지 않는 매듭 풀기를 하고 있는 이들이, '우리, 목회자'입니다.**

그들을 위로하고 싶었습니다. 또 응원하고 싶었습니다. 또 제가 겪어온 모든 과정을, 지혜롭게 대답해 주고 싶었습니다. 그래서 책 제목을 '목사가 힘듦을 이겨낼 때' 라고 적었습니다. 고난을 대하는 우리의 자세가, 여전히 아름답기를 소원합니다.

2022년 12월
류승동 목사

목차

서론

김일환 전도사 류승동 목사님! 반갑습니다. 저는 <우.리.가.본.교회>를(기성) 개척한 김일환전도사입니다. 오늘 목사님과 대화를 할 수 있다는 자체가, 참으로 감격스럽네요. 그 이유는 평소 목사님에 대해서 많은 이야기를 들었는데, 전도사로서 제가 감히 목사님을 만날 용기가 나지 않았기 때문입니다. 그런데 저의 작은 용기에 따뜻하게 응해 주셔서 감사합니다.

요즘 목회 현장을 둘러보면서 느끼는 것은, 많은 목회자가 너무 힘들어 하고 있다는 점입니다. 코로나 팬데믹(covid 19)도 있지만, 그것 이상으로 목회 현장이 여러 가지로 무너진 느낌입니다. 이럴 때일수록 '목회자'에 대한 연구가 필요하다고 생각합니다. 그래서 제가 생각한 주제는 '**목사가 힘듦을 이겨낼 때**'입니다. 그러나 이런 책의 주제는 아무나 쓰는 것이 아니겠죠? 실제로 목회의 사역 현장 속에서 '힘듦을 이겨낸' 목회자가 쓸 수 있다고 생각합니다. 그래서 제가 여러 목사님들에게 수소문 한 끝에, 많은 분들이 류승동 목사님을 추천해 주셨습니다. 많은 분들이 류승동 목사님은, 목회자로서의 고난과 어려움을 잘 극복하셔서 여기까지 오셨다고 들었기 때문입니다. 한수 가르침을 주셨으면 합니다.

먼저 목사님의 자기소개를 부탁드립니다. 저도 그렇지만, 많은 독자가 굉장히 궁금해 할 것 같습니다.

류승동 목사 저 역시, 이런 시기에 이런 책이 필요하다고 생각합니다. 그렇기에 부족하지만, 용기를 내어 보았습니다.

먼저 자기소개부터 하겠습니다. 사람에게는 각자 나름대로 터닝 포인트가 있습니다. 제 인생의 첫 번째 전환점은 중학교 3학년 때입니다. 왜냐하면 그때 처음 교회라고 하는 곳을 찾아가게 되었기 때문입니다.

이 전의 저의 삶은 다음 네 가지로 정리해볼 수 있습니다. 첫 번째, 예수 믿는 사람이 단 한 사람도 없는 불신의 가정에서 자랐습니다. 두 번째, 아주 극심하게 가난한 가정 형편 속에서 자랐습니다. 세 번째, 육체의 장애를 가지고 있었습니다. 태어나서 얼마 지나지 않아 걸린 소아마비로 다리가 불편했습니다. 네 번째, 굉장한 말 더듬이었습니다. 정상적인 의사소통이 불가능할 만큼 굉장히 말을 더듬었습니다. 그래서 당연히 그때는 제가 목사가 될지 몰랐습니다.(웃음)

대담자 전혀 믿기지 않네요. 이런 질문이 무례할 수도 있지만, 말을 더듬는 수준이 어느 정도였나요? 장애 수준이었나요? 아니면 말을 잘 못 하는 수준이었나요?

류승동 목사 장애 수준이었죠. 실제로 말도 늦게 트였다고 들었습니다. 다른 것 때문이 아니라 내성적인 성격 때문이었는데, 남 앞에 서는 걸 두려워했습니다. 반면에 성격은 급한 편이었습니다. 이러한 것들이 말을 더듬게 만드는 요인으로 작용하지 않았을까 짐작해 봅니다.(웃음)

대담자 목사님 불편한 다리에 대해서 여쭤보도록 하겠습니다. 태어날 때부터 장애가 있으셨던 건가요?

류승동 목사 태어날 때는 아닙니다. 소아마비 예방 주사를 맞는 시점이 있는데, 그 전에 소아마비에 걸렸습니다. 열이 많이 나서 병원에 갔는데, 소아마비에 감염된 것이라고 한거죠.

대담자 가정적인 형편 때문에 치료를 못 받으신 건가요?

류승동 목사 네 그렇습니다. 또 이미 소아마비에 걸렸기에 사실상 치료가 거의 불가능했습니다.

대담자 어린 시절 이야기에 대해 좀 더 여쭤보도록 하겠습니다. 어려운 가정 형편과 육체적 장애를 얻은 것으로, 부모님을 원망하지 않으셨나요?

류승동 목사 돌이켜 보면 부모에 대한 원망은 없었던 것 같아요. 장애로 인한 열등감이 있기는 했지만, 그것이 부모에게나 타인에 대한 어떤 미움의 감정이나 원한으로까지는 번지지는 않았습니다. 목회를 하면서도 누구를 원망하거나 부러워하지 않는데, 이것은 하나님이 주신 귀한 성품이라고 생각합니다.

대담자 이러한 악조건 속에서 어떻게 '목회자의 길'을 생각 하셨나요? 당시의 관점에선 누가 봐도 목회자로서의 자질과 특징이 없는 것 같은데요. 혹시 특별한 계기가 있으신가요?

류승동 목사 특별한 계기는 없습니다. 다만 당시 교회 공동체로부터 특별한 사랑을 받았습니다. 집안 환경이 어렵고, 육체적인 약점도 있는 사람을, 교회가 깊이 사랑해 주었습니다. 그렇기에 저에겐 신앙생활 하는 것이 언제나 위로와 격려가 되었습니다. 그래서 학생 시절부터 굉장히 신앙생활에 집중했습니다. 실제로 교회에 있었던 학생 기도회로 인해 매일 교회에 들러서 기도하고 집에 돌아가는 습관이 있었고, 빠른 시간 안에, 주님을 인격적으로 만나고 구원을 확신하게 되었습니다.

예수님을 인격적으로 만나기 전까지, 저에게 변하지 않는 유일한 꿈은 상대에 진학해서 은행원이 되는 것이었습니다. 그런데 예수님을 만나고 나서부터 이러한 고민이 생겼습니다. '과연 그 꿈을 향해서 가야 할 건가?' 아니면 '또 다른 꿈을 가져야 할 것인가?', '은행에 들어가면 정말 행복할까?'

그런 고민의 언덕에서 오르막길과 내리막길을 교차하고 있을 때, 제가 정말 무엇을 원하는지 알았습니다. 아니, 우리 주님이 저에게 무엇을 원하는지 강력하게 알게 되었습니다. 그것은 바로 '목사'가 되는 것이었습니다. 저는 그 거룩한 일에, 저의 생을 드리고 싶었습니다.

그러나 당시 저는 목회자의 길이 무엇인지 정확하게 알지 못했습니다.(웃음) 무엇보다. 그때까지만 해도 저희 집안에서 저 혼자 유일하게 예수 믿는 성도였습니다. 그렇기에 '목사'가 되고 싶다는 강력한 마음 한편에, 이것이 순간적인 충동일 수도 있겠다는 생각도 들었습니다.

이 마음의 씨름은 저를 괴롭게 하는 한편 간절하게 했습니다. 그래서 당시에 정말 깊은 결심을 했죠. 3개월 동안 작정 기도를 한 것입니다. 그때 이런 기도를 했던 기억이 생생합니다.

"하나님! 제가 목사가 되는 게 정말 당신의 뜻이라면 3개월이 지나갈 동안에도 그 마음이 더 강해지게 하시고, 순간적인 충동이라면 기도하는 기간에 그 마음이 사라지게 해주세요."

그런데, 시간이 지나면 지날수록 '목사가 되어야 겠다'라는 생각이 더 강해졌습니다. 이것으로 소명에 대해 확신하게 되었습니다. 그래서 고등학교 1학년 때, 정확하게 말하면 1977년 12월 25일 성탄절 예배 때 서원 예물을 하나님 앞에 드리면서 '목사가 되겠다'라고, 저 자신을 주님께 드렸습니다.

대담자 특별하지 않다고 하셨지만, 더 감동적이고 특별한 이야기입니다. 혹시 이 길에 대한 후회는 없으셨는지요?

류승동 목사 하하하 그런가요? 그런데 전도사님, 왜 '후회하지 않냐?' 이런 종류의 질문을 하시나요?

대담자 제가 감히 목사님의 소명과 부르심을 의심해서 이런 질문을 했겠습니까?(웃음) 단지, 초반에도 말했듯이, 요즘 들어서 생존이 어려워지고, 시대가 달라지면서 목회자로서의 정체성 자체를 의심하는 이가 적지 않습니다.

그렇기에 목사님의 소명을 묻는 소소한 질문들이, 누군가에겐 아주 중요한 담론이 될 수도 있다고 생각됩니다. 그래서 앞으로도 이렇게 계속 질문하려고 합니다.(웃음) 어떤 의미에서 우리 같은 후배 목회자들은 정답이 궁금한 것이 아니라, 과정이 궁금한 사람들이니까요.

류승동 목사 그렇군요. 좋은 설명 감사합니다. 그럼 조금 더 구체적으로 이야기 해보도록 하지요. 저는 목회자로서 걷는 이 길에 대한 후회가 없습니다. 물론 주변에서는 이 길에 대한 반대와 핍박이 심했죠. 무엇보다 가정에서도 그러했죠. 그러나 한 번도 그 뜻을 굽히지 않았습니다.

목회의 과정은 분명 쉽지 않습니다. 하지만 하나님은 은혜를 분명하게 허락하십니다. 이를 기억하며 목회자로서 부름을 받으신 분들이 더 용기를 내었으면 좋겠습니다.

대담자 목사님의 연약한 부분에 대해서 더 질문해 보도록 하겠습니다. 그것이 누군가에게 큰 도움이 될 수 있으니까요. 목사님의 말더듬증은 얼마나 심하셨던 건가요? 그리고 언제, 어떻게 고쳐지셨나요? 목사님이 지금은 완전히 말을 더듬질 않으셔서요.

류승동 목사 처음 집에서 '목사'가 되고 싶다는 의지를 표현했을 때, 형님의 처음 말이 "너무 잘못 생각 하는 것이 아니냐? 말을 그렇게 더듬어서 어떻게 목사가 될 수 있다고 생각하느냐? 목사는 설교라는 걸해야 하는데 그렇게 말을 더듬으면서 하는 설교를 누가 들을 수 있겠느냐? 생각을 다시 해보라" 였습니다. 저의 형이 그렇게 말 할 정도로 굉장히 심하게 말을 더듬었습니다. 고등학교 졸업 때까지도 그랬고 대학 들어가서도 그랬습니다.

말더듬이에 대한 치료도 받지 못했습니다. 가정 형편도 그렇거니와, 당시 제가 살던 곳엔 이를 고칠 수 있는 치료 기관도 없었습니다. 그래서 제가 할 수 있는 것은 '기도'뿐이었습니다. 그래서 아주 간절히 기도 했습니다.

"하나님 제가 이 말더듬이 상태로서 목사가 된다는 게 정말 웃음거리가 될 수 있는데, 말 더듬는 것을 해결해주세요." 이것이 저의 최선의 방법이었습니다. 기도 외에 다른 노력은 없었습니다.

그런데 어느 한 순간 치료가 되었습니다.(웃음)

목사가 힘듦을 이겨낼 때

대담자 이건 신유잖아요?

류승동 목사 그 날이 선명하게 기억에 남지는 않습니다. 다만, 어느 순간에 '어? 내가 말을 더듬지 않네?'라고 자연스럽게 인식할 정도였습니다. 의사나 과학자가 아니기에 저에게 일어난 현상을, 의학적으로나 과학적으로 설명할 수 없습니다.

그러나 목회자로서 확실하게, 설명할 수 있습니다. 그것은 '은혜'였습니다. 오직 하나님의 '은혜'로 치유가 된 것입니다.

대담자 좋은 설명 감사합니다. 이번엔 다른 이야기 한 번 해볼게요. 목사님 혹시 그동안 사역 해 오신 교회 이야기해 주실 수 있으실까요?

류승동 목사 서울신학대학원을 졸업한 후 기독교대한성결교회 십자군 전도대에서 2년간 사역하였습니다. 그 다음에는 두 번의 부교역자 생활과 그리고 두 번의 담임 목사 생활을 했습니다. 십자군 전도대를 마치고서는 부산의 '신평제일성결교회'에서 사역을 하였습니다. 지금은 '아름다운 교회'로 교회명이 바뀌었습니다. 그리고 바로 전주지방회 '전주태평성결교회'의 부목사로 와서 만 5년 조금 넘게 사역을 하였습니다.

그리고 같은 지방인 '남원성결교회' 담임 목사로 청빙 받아서 10년 조금 넘게 사역하였습니다. 지금은 전주지방회 '인후동 성결교회'로 청빙을 받아 올해로 이곳에서 18년째 목회하고 있습니다.

대담자 감사합니다. 지금 사역하고 있는 '인후동성결교회'에 대해서 자세하게 설명해 주실 수 있으실까요? 특별히 이 교회에서 사역하시면서 가지고 계신 목회 방향과 신조를 이야기 해주시면 감사하겠습니다. 또 교육부서에 대해 소개해 주실 부분이 있다면 짧게 말씀해 주세요.

류승동 목사 인후동교회는 1975년 2월 25일에 창립이 되었습니다. 김필수 목사님은 초대 담임 목사로서 30년을 시무하고 2005년도에 은퇴를 하셨습니다. 제가 그 후임으로 2005년 6월에 부임해서, 현재 18년째 시무하고 있습니다. 이처럼 인후동교회는 창립 47주년을 지나며, 곧 50주년을 바라보는 교회입니다.

원로 목사님이 개척하셔서 목회하시면서 인후동교회를 아주 튼튼한 초석과 기반을 든든하게 만드셨습니다. 그 든든한 기반 위에서 현재는 선교를 강조하는 선교 지향적 교회로 성장하고 있습니다.

대담자 혹시 그전에는 인후동교회가 선교적인 부분에 좀 약
했었나요?

류승동 목사 확실히 그렇다고 말씀 드릴 수 있습니다. 부임
해서 보니까 인후동교회가 다른 부분은 참 잘하고 있는데,
'선교'의 영역에서는 전혀 사역을 하고 있지 않았습니다.

대담자 그럼 인후동교회는 지금 선교를 어느 정도 하는지 말
해주실 수 있으실까요?

류승동 목사 인후동교회 부임하면서 성도들에게 내걸었던 평
생 표어가 있습니다. **바로 '오직 부흥, 오직 선교'입니다. 저
는 '부흥과 선교'라는 것을 교회의 양 기둥으로 생각하기 때
문입니다.** 부임하고 얼마 되지 않아서, 저의 목회 철학인 '오
직 부흥과 오직 선교'에 대해서 성도들과 나누는 비전 집회를
가졌습니다. 그 시간을 통해서 교인들이 새로운 담임 목사가
무엇을 하려고 하는지를 성도들과 공감하는 시간을 가지게
되었죠.

우리는 보통 부흥을 양적인 개념으로만 이해하기 쉽습니다. 그러나 제가 내걸었던 부흥은 성도 개개인 신앙의 성장과 성숙을 의미합니다. 그 바탕 위에서 교회의 양적, 질적 성장이 이루어지는 것입니다. **무엇보다 교회로서 부흥을 꿈꾸고 이루어야 하는 이유는, 선교 때문입니다. 이것이 저의 목회 방침입니다.**

대담자 교회가 부흥해야 하는 이유는 오직 선교를 위해서….

류승동 목사 네. 선교하기 위해서 부흥해야 한다고 생각합니다. 그래서 성도들에게 제시한 평생의 기도 제목이 있습니다. '평생 한 선교사 파송', '평생 한 지교회 설립'의 꿈을 가지고 기도하자고 했습니다.

그러면서 다윗의 예로 설명했는데요. 다윗이 하나님의 성전을 짓기를 열망했지만, 하나님은 다윗이 너무 피를 많이 흘렸기 때문에 다윗이 아니라 그의 아들을 통해서 성전을 짓게 하셨다는 성경의 말씀을 설명했죠. 그리고 이렇게 말했습니다.

"여러분이 정말 하나님 앞에 비전을 가지고 평생 한 선교사 파송이나 한 지교회 설립의 꿈을 가지고 기도하면, 하나님이 여러분의 때에 이루어지지 않아도 됩니다. 다윗과 솔로몬의 성전건축을 깊게 생각합시다. 그 마음만 진실하게 있다면, 여러분의 자녀가 이룰 수도 있습니다."

이것은 지금까지도 성도들에게 강조하고 있는 평생의 기도 제목입니다. 그래서 이 표어와 기도 제목은 항상 교회 강단에 걸려 있습니다.

그 결과 인후동교회는 선교적 교회로의 확실한 전환을 이루게 되었습니다. 무엇보다도 제가 부임한 이후로 매년 30여 명이 단기 선교팀을 조직하여 다양한 선교지로 나가고 있습니다. 이를 통해 성도들에게 실제적인 선교적 마인드를 가지게 합니다.

대담자 그러면 벌써 18회 차가 되었나요?

류승동 목사 코로나 때를 빼면 실제 횟수는 조금 못 미칩니다. 하지만 인후동교회 부임 이래 현재 약 20여 개국의 선교사를 파송했고, 여러 군데에 지교회를 설립했습니다. 또한 선교사 파송과 지교회 설립은 앞으로도 계속 이어질 것이라고 기대하고 있습니다.

대담자 20개국이면 정말 많이 파송한 거 아닌가요?

류승동 목사 아직도 많이 부족합니다.(웃음)

대담자 교회 소개를 조금 더 해 주시면 좋을 것 같습니다. 목사님이 선교 이외에 중요하게 생각하는 신조나 방향, 목회 철학에 대해서 더 얘기해주시면 좋을 것 같습니다.

류승동 목사 저의 목회적 신조의 중요한 부분 중의 하나는 '공유목회'입니다. 목회의 중요한 방향과 중요한 결정 일수록 성도들에게 일방적으로 전달하려 하지 않습니다. '비전선언문'과 '목적선언문'을 작성하고 비전 집회를 통해서 성도들과 저의 마음을 공유합니다. 쉽게 이야기해서, "우리 교회의 사명은 이것이고 우리 교회의 비전은 이것이다"라고 구체적으로 공유합니다.

비전의 공유는 참으로 중요합니다. 교회가 흔들리지 않는 열쇠입니다. 인후동교회의 저력 중 하나는, 한 분이 개척해서 30년을 목회하셨다는 점입니다. 고 김필수 목사님은 교단의 총회장까지 역임하셨고, 많은 이의 존경을 받는 분입니다. 이러한 목사님의 후임자로 목회하는 것이 쉬운 일은 아닙니다. 어려움, 갈등, 잡음이 충분히 있을 수 있습니다. 그런데 인후동교회에는 그런 것이 전혀 없었습니다.

김필수 목사님의 '공유목회' 방식 때문입니다. 목사님의 훌륭한 인격와 사역은 모든 성도에게 공유되었습니다. 또한 저에 대한 신뢰와 목회에 관한 전폭적인 지지를 성도들에게 공유하셨습니다.

그것이 밑바탕이 되기에, 리더십 교체에도 불구하고 작은 잡음 없이 지금까지 잘 성장해 나오고 있습니다. 실제로 경상도 출신인 제가 전북 전주라는 지역에서 목회한다는 게 쉽지 않지만, 성도들의 배려 덕분에 정말 행복한 목회를 하고 있습니다.

성도들에게 강조하는 교회의 모습을 사도행전 9장 31절로 설명합니다. 사도행전 9장 31절에 보면 "**그리하여 온 유다와 갈릴리와 사마리아 교회가 평안하여……**" 저는 교회의 평안을 굉장히 강조합니다. 그 뒷 구절은 더 좋습니다 "**평안하여 든든히 서가고 주를 경외함과 성령의 위로로 진행하여 수가**

더 많아지니라."

이 구절의 말씀처럼, 우리 교회가 먼저 평안하길 원합니다. 그리고 그 구절대로 실현되는 교회가 되기를 꿈꿉니다. 또한 성도들과 목사가 비전을 공유해서, 진정 사도행전 9장 31절에 나오는 교회의 모습되길 노력하고 있습니다.

대담자 목사님 다른 각도로 한번 여쭤볼게요. 인후동교회의 좋은 부분과 목사님 목회 철학에 관해서 이야기해 주셨습니다. 그렇다면 인후동교회에 와서 힘들었던 점은 없으셨나요?

류승동 목사 어느 교회나 크고 작은 어려움이 없다고는 할 수 없지만, 제 생각에는 기억에 남을 만한 어려움은 없었습니다. 그래도 하나 이야기하자면, 기존의 신자와 새신자 간의 갈등이 있었습니다. 모두 저와 저의 목회에 대한 오해들이었습니다. 어느 순간 교회에 이런 말이 떠돌았습니다.

"우리 목사님은 기존 신자보다는, 새 가족을 너무 챙기고 새 가족을 너무 사랑한다."

그래서 그때 성도들에게 이런 오해에 대한, 제 마음을 다음과 같이 표했습니다.

"한 가정에 첫 아이가 태어났을 때를 생각해 봅시다. 온통 가족들의 관심이 그 첫 아이에게 집중됩니다. 그것은 아주 당연한 것입니다. 그런데, 그 다음도 생각해 봅시다. 몇 년이 흘러서 또 새로운 아이가 태어났을 때, 다시 온 가족은 갓 태어난 신생아에 대한 관심과 배려가 집중될 수밖에 없습니다. 그것은 아주 당연한 이치입니다. 그러나 신생아에 대한 관심이 크게 보인다고 해서, 처음 태어난 아이에 대해서 관심이 없거나 사랑하지 않는 게 아니지 않습니까? 이 세상에 그런 바보 같은 부모가 어디 있을까요? 여러분은 이 교회에 기존의 신자들입니다. 그렇기에 충분히 이 교회에 녹아 있는 분들입니다. 그러나 새로 오신 분들은, 갓 태어난 신생아와 같습니다. 그들에게 관심을 두고 그들을 돌봐주는 것은 이건 당연한 일입니다. 이치에 맞는 순서입니다. 이건 저도 그래야 하고 여러분도 그래야 합니다."

또 하나의 작은 어려움도 있었습니다. 인후동교회 부임할 때 성전 건축으로 인해 교회 대출이 상당했습니다. 하지만 대출 갚는 것보다 선교하는 일에 우선순위를 두었습니다. 또한 주차장 대지를 구입하는 것에 집중했습니다. 교회 방향과 비전을 이루기 위해 이 두 가지가 빚을 갚는 것보다 더 중요하다고 여겼기 때문입니다.

하지만 이에 동의하지 않는 성도들도 있었습니다. 그들은 "교회가 빚을 갚는 일에 힘을 쏟아야지, 빚을 갚고 나서 주차장 대지도 사고 선교도 할 수 있는 거 아니냐"라고 말했습니다. 당연히 그렇게 생각하고 말할 수 있다고 이해했지만, 우선순위의 가치는 양보 할 수 없었습니다. 그래서 "여러분이 만약에 아파트를 장만하기 위해서 은행의 대출을 받아서 아파트를 장만했다고 생각합시다. 그러면 분명히 그 가정에는 빚이 있습니다. 그러나 그 가정에 빚이 있다고 해서 그 빚을 다 갚을 때까지 부모님에 대한 도리를 중단해야 합니까? 자녀에 대한 뒷받침을 중단해야 합니까? 그건 아니지 않습니까? 빚을 갚기 위해서 노력해야 하지만, 그렇다고 해서 부모님에 대한 도리와 자식에 대한 뒷받침을 안 할 수 없는 것 아니겠습니까? 교회가 빚을 갚아야 하는 부분도 있지만 우리가 선교하는 것은 하나님이 가장 원하시는 것입니다. 거기엔 양보가 없습니다. 또 요즘은 차량을 대부분 소유하고 있습니다. 또한 새가족이 계속 오는 상황 속에서 주차하지 못해서 예배 시간에 늦어지거나, 주차 때문에 불편을 느낍니다. 그런데 과연 이 문제가 지속되었을 때, 새신자가 계속 교회를 나올 수 있는 마음을 가질까요? 저는 그런 면에서 교회의 미래를 내다보면서 결정합니다. 빚은 부흥하면 저절로 갚아지는 것입니다"라며 설득했습니다.

그리고는 선교와 주차장의 매입을 더 강력하게 진행했습니다. 그리고 지금은 모든 성도가 그때 저의 결정을 바른 혜안이라 여기며 지지해주고 인정해줍니다.

대담자 목사님 좀 짓궂은 질문이지만 그래도 빚은 다 갚으셨나요?(웃음)

류승동 목사 아니요.(웃음) 주차장 대지를 상당히 많이 구입하고, 어느 정도 시점이 지났을 때, 다음 세대들을 위한 공간이 없다는 것이 아쉽게 느껴졌습니다. 당시 교회는 본관 건물만 있었고, 장년 중심의 건물로 설계되었기에 교육 기관은 더부살이의 개념이 있었습니다.

그래서 다음 세대들을 위한 공간을 만들어야 한다고 생각을 하고, 몇 년 전에 비전센터 건물을 지었습니다. 그래서 빚을 아직도 어느 정도 가지고 있습니다. 하지만 시간이 지나면,

이 결정이 혜안이었다는 것은 모두가 또 알게 되리라고 생각합니다. (웃음)

대담자 목사님 감사합니다. 아주 작은 영역이지만, 이 정도면 많은 독자들이 목사님이 어떤 분인지, 인후동 성결교회가 어떤 교회인지 알게 된 것 같습니다. 다음의 만남을 아름답게 기약해요.(웃음)

본론

김일환 전도사 목사님 이제부터 조금 진지하게 질문 하도록 하겠습니다. 제가 '목사가 힘듦을 이겨낼 때' 라는 주제로 저자를 찾았을 때, 많은 분들이 목사님을 추천해 주셨습니다. 거기엔 분명한 이유가 있을 것입니다. 그것은 아마도, 목사님이 지금까지 걸어온 올곧은 신념 때문에 그러하리라 생각이 듭니다. 그리고 저같이 까마득한 후배 전도사, 이런 책을 만들고 싶다고 문을 두드렸을 때, 목사님이 반갑게 맞이해 주셨습니다. 저는 정말 긴장했지만, 또 너무나 감사했습니다. 그런데 혹시 왜 그렇게 받아주셨는지, 감히 여쭈어 봐도 될까요?!

류승동 목사 일단은 '힘듦'의 과정을 겪고 있는 모든 목회자에게 이렇게 말하고 싶습니다. "목회는 행복한 일이다."(웃음) 그런데 여기에는, 숨은 말도 있습니다. 제가 괄호로 표현하겠습니다. '(아무리 힘들어도), (아무리 짜증나도), (아무리 괴로워도), (아무리 사례비가 적어도), **목회는 행복한 일이다**'입니다. 그 이유는 이 일의 특색 때문에 그런 것이 아닙니다. **우리를 불러주신 하나님 때문에 그렇습니다.**(눈물) 우리는 그것을 소명이라고 부르는 것이죠.(눈물)

그 생각은 지금까지 변함이 없습니다. 하지만 이 목회의 행복이 저절로 느껴진다고 생각해 본 적도 없습니다. 목회자의 힘듦을 이겨내는 자만이 그 행복을 누릴 수 있습니다. 이를 이겨낸 지점에서 우리를 불러주신 하나님을 다시 만나기 때문입니다. 그것은 실로 놀라운 경험입니다. 무엇보다 이제는 후배 목회자들을 도울 수 있는 시간이 되었다고 생각했습니다. 그래서 대담을 하고 글을 써야겠다고 생각했죠.

제가 목회를 해오면서 지금까지 경험한 '목회의 힘듦'을 나누고, 후배 목회자들을 위로하고 싶었습니다. 또 응원해주고 싶었습니다. 무엇보다 우리가 당면한 '목회의 힘듦'을 잘 극복해서, 목회자라면 누구나 느껴야 할 '목회의 행복'을 느끼고 누릴 수 있으면 하는 마음에, 전도사님의 프로포즈에 응하게 되었죠.

대담자 목사님, 어떻게 보면 목회의 '성공 신화'와는 전적으로 반대되는 내용을 쓰시는 것이네요. 목회는 힘들 수 있고, 실패 할 수 있고, 그 지점에서 다시 시작하는 것이 '소명'이라고 말씀하시는 것이잖아요? 그리고 그것이 가능할 때, 목회는 행복하다는 지점을 경험적으로 말씀하고자 하는 것이네요. 그럼 구체적으로 한 번 질문을 해 보도록 하겠습니다. 목사님이 생각할 때 '목회자의 힘듦'이란 무엇이라고 생각하고, 또 목회자는 보통 '무엇 때문에' 힘들다고 생각 하시는지요? 이 두 가지를 자연스럽게 녹여 말씀해 줄 수 있으실까요?

류승동 목사 목회는 행복한 것입니다. 하나님 때문에 행복한 것입니다. 그리고 목회를 향해 가는 모든 여정엔, '목회자에게는 힘듦'이 있습니다. 우리는 평생의 목회 여정 속에서, 이 과정을 잘 이해해야 합니다. 즉, **'힘듦'과 '행복'의 여정이라는 사실을요.**

앞에서 소개해 드린 것처럼, 목회자는 '어린 시절'부터 힘들 수 있습니다. 저 역시 그러했죠. 또 신학의 과정 내내 힘들 수 있습니다. 다들 알다시피, 신학 수업 자체가 만만치 않은 분량입니다. 또 '목회자의 삶' 자체에 힘듦이 있을 수 있습니다. 무엇보다 목회라고 하는 '본질적인 부분'에서 파생될 될 수 있는 힘듦이 있습니다. 즉, 목회자의 힘듦은 한순간으로 규정할 수 없습니다. 모든 과정 속에서 어려움이 있습니다.

이 때 중요한 것은 '**진솔함**'입니다. 거짓과 가식, 오만과 과장을 버리고, 목회자로서 진솔하게 자기의 모습을 비추어야 합니다. 그 지점에서부터, 목회라는 본질적인 부분을 이해 할 수 있기 때문입니다. 단순하고 쉽게 이야기하면, 목회라는 본질은, 목회자의 특기나 특성, 장점으로 소화할 수 있는 것이 아닙니다. 우리가 그 여정에 진솔하게 맞추어 가는 것입니다. 그렇기에 과정을 대하는 '진솔한' 자세가 필요한 것입니다.

목회자의 힘듦을 생각할 때, 무엇보다 중요한 것은 **끊임없이 '본질을 향한 질문'을 해야 한다는 사실입니다.** 그럴 때, 많은 것이 정리되기 때문입니다. 생각해보면, 목회라는 '본질' 때문에 힘든 것 보다, '비본질적인 것' 때문에 에너지가 소진 될 때가 많습니다.

저 역시 항상 그러했습니다. 젊은 나이에 사역을 시작했지만, '무엇이 사역인지, 사역은 무엇인지'를 몰랐습니다. 그때마다 언제나 '본질적인 목회가 뭘까?' 또 '나는 어떤 목회를 해야 하는가?'에 관한 질문이 가득했습니다. 그리고 중요한 것은 지금도 변함없이 고민하고 있다는 것입니다.

이런 본질에 대한 질문과 고민이 없으면, 목회자로서의 정체성이 흔들립니다. 우리는 돈을 보고 일하는 사람도 아니고, 내일을 보고 일하는 사람도 아닙니다. 우리는 오직, 우리를 부르신 그분의 소명으로 일하는 사람들입니다.

그런 면에서 "목회는 끊임없는 싸움이고 투쟁이다"라는 표현은 옳습니다. 목회자는 언제나 자기 성찰을 해야 하고, 그 성찰을 통해서 목회자로서 자기 자신을 갖출 수 있는 것입니다. 그것은 투쟁이 아니고는 불가능 한 것이죠.

이번에 코로나 팬데믹을 겪으면서 이 부분을 더 절감하게 되었습니다. 그래서 코로나 팬데믹은 목회자에게도 힘든 시간이었지만, 어떤 의미에서 필요한 시간이었습니다. 분명 코로나로 인해서, 목회의 많은 부분이 잠시 멈추었지만, 목회자가 자기 자신과 목회를 돌아보게 되는 성찰의 기회가 되었기 때문입니다. 그리고 그 성찰을 통해서 '목회란 무엇인가?'

그리고 이 시대에 '내가 무엇을 더 갖춰야 하는가?' '나는 어떻게 쓰임 받아야 하는가?'를 고민해 보게 되었습니다. **이런 면에서 목회자의 어려움은 무엇보다도 목회자의 정체성에 대한 문제에서부터 시작된다고 생각합니다.**

우리 모두는 목회자가 되기 위한 과정을 겪습니다. 학부, 대학원입니다. 저도 목사가 되기 위해서 과정을 겪었습니다. 저는 일반대학 영어 영문학과를 졸업한 다음에, 서울신학대학교로 입학을 하였습니다. 서울신학대학교에서 M.Div.와 Th.M.을 했습니다. 졸업을 하면서 논문을 썼습니다. M.Div. 졸업 논문은 **'목회사역을 위한 기독교 커뮤니케이션의 원리에 관한 연구'** 라는 제목이었습니다. 그 논문으로 감사하게도 전국 신학대학 협의회 우수 논문상을 수상했습니다. Th.M. 논문은 **'개신교회의 목회갱신에 관한 연구 (부제: 성육신적 목회를 지향하며)'**의 제목이었습니다. 그 후 평택대학교 신학전문대학원에서 D.Min. 을 하면서는 **'슈퍼리더십의 목회적 적용에 관한 연구. (부제: 인후동성결교회를 중심으로)'** 라는 제목의 논문을 썼습니다. 그런데 이 3편의 논문은 모두 '목회'자체에 대한 탐구였습니다. 저의 관심사가 목회였기 때문입니다.

지금도 저의 관심은 목회입니다. 그렇기에 이 대담을 합니다. 그러나 제가 모든 것에 정답을 가지고 있는 사람이라서, 대담을 하는 것이 아니라, 저의 작은 경험들과 아픔들, 고민들이 누군가에게 조금이나마 도움이 되었으면 하는 마음에서 이 책을 씁니다.

대담자 목사님이 생각하시는 '목회자의 힘듦'에 대해서 이야기를 잘 들었습니다. 생각할 부분이 많았고, 반성할 수 있는 부분도 많았습니다. 이제부터 본격적으로 제가 목사님에게 '목회자의 힘듦'에 대해서 한번 질문을 해보고 싶습니다. 목사님이 생각하는 목회자의 힘듦이 아니라, 젊은 제가 경험으로 느끼고, 생각하는 목회자의 힘듦입니다. 날카로운 질문들을 해보려고 합니다. 긴장하셔야 합니다(웃음)

목사님께서는 총론적으로 '목회자의 힘듦'에 대해서 정의해 주셨습니다. 그건 정체성의 문제였습니다. 아주 중요한 영역이죠. 그러나 제가 생각할 때 '목회자의 힘듦'은 보다 더 다양한 접근이 필요합니다. 저는 다섯 가지 영역으로 나누어 보았습니다.

1) 목회자 '개인'의 힘듦, 2) 목회자의 '사역'의 힘듦, 3) 목회자의 '비전'의 힘듦, 4) 목회자의 '관계'의 힘듦, 5) 10년 뒤

변해있을 '목회 생태계'의 힘듦.

제가 감히 젊은 목회자들, 부교역자들을 대표해서 질문해 보도록 하겠습니다.

류승동 목사 전도사님 진지한건 좋은데, 배고프지 않나요?(웃음) 우리 맛난 밥 먹고, 더 집중적으로 시작합시다. 밥을 잘 먹어야, '목회자의 힘듦'도 이겨 냅니다.(웃음) 제가 전도사님의 힘듦을 위로하며, 든든한 식사를 대접하고 싶네요.

대담자 감사합니다 목사님! 벌써 힘이 나네요!!!(큰 웃음).

1

목회자의 '개인'의 힘듦에 관하여

<질문 키워드>

영성이 자라나지 않을 때 / 하나님과의 관계가 힘들 때 / 열등감에 사로잡힐 때 /

오해를 받을 때 / 육체가 힘들 때 / 돈이 없을 때 / 자기개발이 안 될 때 / 포기

하고 싶을 때 / 죽고 싶을 때 / 신학공부가 모자를 때

김일환 전도사 목사님 좋은 아침이네요.(웃음) 본격적인 질문을 해보도록 하겠습니다!

류승동 목사 잠시만요. 조금 더 본질적인 것에 대해서 정리합시다. 본질적인 것은 자주 질문 할수록 좋다고 했죠? 대담의 각론에 들어가기 전에, '목회자의 힘듦이 무언가?', '무엇 때문에 힘들까?'에 대하여 차분하게 이야기를 했습니다. 그렇다면 이번에는 '목회적 환경' 이야기를 해봅시다.

보통 목회자들이, '목회의 힘듦'을 이야기할 때 환경의 요소에 더 집중하는 경향이 있습니다. 다들 헛헛한 마음으로 이런 이야기를 합니다. "요즘 목회하기 힘들다", "목회 환경 힘들다", "부흥이 안 되는 시대다", "개척이 안 되는 시대다." 환경을 이유로 목회자의 힘듦을 이야기하는데 물론 일정 부분 일리는 있지만, 가장 본질적인 것은 환경이 아니라, 목회자 자신의 문제입니다. 시대나 성도들이 요구하는 모습과 현재 목회자 모습 사이에서 오는 괴리감이 근본적으로 목회자가 힘듦을 느끼는 출발점이 아닌가 생각합니다. 그래서 가장 본질적인 부분을 성찰해야 스스로를 갱신하고 개혁할 수 있습니다. 그렇게 자신을 비우고 내려놓을 때 "목회자의 힘듦을 이기고, 목회의 행복을 누릴 수 있지 않을까?" 생각합니다.

대담자 목회자의 본질 회복으로 현실이 극복될 때 행복해질 수 있다는 말씀이신가요?

류승동 목사 그렇게도 볼 수 있겠죠. 가장 중요한 건 '환경을 탓하지 말자'입니다. 자신의 정체성을 냉정하게 돌아보고, 그것을 가다듬는 작업을 한다면, 외부적인 어려움은 얼마든지 극복할 수 있다는 것입니다.

대담자 목사님 제가 여러 개척교회 커뮤니티나 이런 데 나가면 대부분 목사님이 힘들어하는 게 설교입니다. 재미있는 표현으로 몸이 안 좋으면 뱀도 잡아먹고 한약도 끓여 먹듯이 설교를 잘할 수 있는 부분을 죄다 끓여 먹어 봤는데, 그래도 안 된다고 합니다. 이처럼 어떻게 해도 완전히 안 되는 영역의 힘듦도 있습니다. 자기가 극복할 수 없는 부분들은 어떻게 해야 할까요?

류승동 목사 대부분 목회자가 빠지기 쉬운 함정은 그보다 더 본질적인 해결책을 찾기 보다는 방법론으로 문제를 해결하려는 것입니다. 목회자 세미나에 참석하여 배운 어떤 방법론으로 목회적 한계를 극복하려고 합니다. "누가 이렇게 해서 잘 되었다더라"라고 하면, 그 방법론을 자기 교회 목회에 적용해서 성공하려는 것입니다. 하지만 이는 실패할 확률이 높습니다. 그 방법론이 모든 교회, 목회자에게 맞는 것은 아니기 때문입니다. 그 방법론이 성공할 수 있었던 것은 그 목회자의 성향과 교회의 토양에 적합했기 때문입니다. 그렇기에 전혀 다른 목회자, 다른 토양의 교회에서 성공한 방법론을 모방해서는 성공할 수 없습니다. 이런 이유로 방법론보다는 목회자의 기본 베이스가 무엇보다 중요하다고 생각합니다.

대담자 목회자의 기본 베이스에는 어떤 영역이 있을까요?

류승동 목사 영역은 주제별로 이야기 하면서, 나름대로 언급이 될 거라고 봅니다. 그래서 처음 질문인 설교에 대해서 생각해 보겠습니다. 설교는 단순히 말씀을 잘 전하는 것이 아닙니다. 그보다 설교자의 인격이 매개체가 되어야 합니다. 인격이 뒷받침되지 않은 상태로 전달되는 수단만 생각하면 돌파구를 마련할 수 없습니다.

대담자 그렇지만 설교학에서는 딜리버리를 강조합니다.

류승동 목사 설교자와 성도의 커뮤니케이션이라는 측면에서 생각하면, 설교에서 전달도 중요합니다. 전달의 방법에 대해서도 충분히 연구하고 훈련해야 합니다. 하지만 설교는 단순한 커뮤니케이션이 아닙니다.

하나님의 말씀으로 한 사람의 인격과 삶을 터치하고 움직이는 것입니다. 이것을 가능하게 하는 것은 설교자의 인격입니다. 그렇기에 훌륭한 스피치 능력도 중요하지만 이보다 설교자의 인격에 집중해야 한다고 생각합니다.

대담자 총론적인 질문을 조금 더 해보도록 하겠습니다. 목회자의 한계적 상황을 훈련으로 극복할 수 있을까요?

류승동 목사 물론 그럴 수 있습니다. 하지만 목회자는 만능 인간이 아닙니다. 분명히 누구든지 노력해도 안 되는 영역이 있습니다. 그래서 이를 극복하려고 애쓰는 것보다는 더 잘 할 수 있는 것에 집중해야 합니다. 이는 하나님이 교회마다 가지고 있는 특성에 맞게 준비된 사람을 보내신다는 확신에서 기인합니다.

대담자 너무 좋은 얘기를 해 주셨습니다. 다시 총론적인 질문을 하고 싶습니다. 목회자의 준비에 있어서 기본도 중요하지만 시대와 교회에 맞게 특성화된 부분도 준비되어야 하지 않을까요? 요즘 시대에 있어서 현대 교회가 요구하는 목회자의 특성화된 능력은 무엇이 있을까요? 후배들에게 이런 부분들

은 준비되었으면 좋겠다고 생각하시는 부분이 있나요?

류승동 목사 성도들이 목사에게 가장 원하는 것은 어떤 자질이나 능력이 아닙니다. 그보다 목사의 인격을 중요하게 여깁니다. 실제로 목사가 설교를 못 해서 문제가 생기거나, 사임을 하는 경우는 거의 없습니다. 목회자의 인격을 성도들이 인정하지 못했을 때 문제가 생기는 것입니다. 그렇기에 목사에게 있어 가장 중요한 준비는 인격입니다. 인격으로 성도들에게 인정받고, 신뢰를 얻어야 합니다.

영성이 자라지 않을 때

김일환 전도사 각론으로 들어가 목회자 개인의 힘듦에 대해서 여쭤보도록 하겠습니다. 많은 목회자가 힘들어하는 게 영성이 자라나지 않는다는 것입니다. 신학교에서는 학습과 경건의 시간을 통해 지성과 영성이 성장하는 데 비해, 목회 현장에서는 오히려 영성이 도태되는 경우가 많습니다. 이처럼 목회자의 영성이 자라나지 않을 때 어떻게 해야 할까요?

류승동 목사 제가 알기로 성경에 영성이라는 단어 자체는 등장하지를 않습니다. 그래서 영성의 정의가 굉장히 다양하고, 오해도 많습니다. 영성을 뜨거운 기도, 방언, 예언 등과 같은 은사적인 측면으로 이해하거나, 신비함을 나타내는 말로 오해하기도 합니다. 이런 면에서 먼저 영성에 대해 정의하는 것이 중요합니다.

저는 기독교 영성에 다음과 같은 네 가지 요소가 있어야 한다고 생각합니다. **첫째, 하나님 중심입니다.** 기독교 영성은 금욕이나 은사가 아니라, 하나님 중심으로 사는 것입니다. 삶에 하나님이 함께하심을 기억하고, 하나님의 다스리심을 따라 살겠다는 다짐이 있어야 합니다. **둘째, 성경 중심입니다.** 하나님 중심의 삶은 결국 성경을 기반으로 합니다. 하나님의 뜻이 담긴 성경을 따르는 것이 하나님의 다스리심을 따르는 것이기에 성경을 사랑하는 것이 필요합니다. **셋째, 교회 중심입니다.** 영성은 성도의 교제를 통해서 표현되어야 합니다. 그렇기에 교회 공동체를 사랑하고, 교회 공동체와 함께 성장하는 것이 필요합니다. **넷째, 사모함입니다.** 사도행전 1장을 보면, 예수님의 승천을 목격한 제자들이 간절히 사모하면서 뜨겁게 기도했습니다. 그때 성령의 충만함을 경험하면서 세상에 나가 복음을 전하는 출발점이 되었습니다. 이처럼 사모함도 영성에 있어서 중요한 요소입니다.

저는 목회자가 영성이 침체되었다고 느껴질 때, 위의 네 가지 요소를 점검해야 한다고 생각합니다. 하나님의 중심의 삶을 살고 있는지, 성경 말씀에 순종하고 있는지, 자신이 아니라 교회 중심으로 살고 있는지, 간절함과 열정이 있는지 돌아봐야 합니다.

대담자 하나님 중심이라는 내용은 너무 동의가 됩니다. 그런데 성경 중심에 대해서는 부교역자들에게 다음과 같은 의문이 있을 수 있습니다. "성경 볼 시간 자체가 없는데, 어떻게 성경 중심의 영성을 가질 수 있을까?"

류승동 목사 저는 그렇게 생각하지 않습니다. 물론 담임 목사님이 부교역자들에게 경건의 시간을 줄 수 있어야 합니다. 사역에 너무 치어서 자기를 돌아보고 경건의 시간을 소홀하지 않도록 배려해야 합니다. 부교역자의 출근 시간 중 최소 30분 이상 성경 읽고, 기도하고, 묵상하도록 한다면 교회에도 유익이 있을 것이라고 생각합니다.

하지만 교회에 이처럼 영성을 위한 시간이 확보되지 않았다고 하더라도 스스로가 시간을 내서 자기 계발과 영성 훈련을 해야 합니다. 하나님 앞에서 정직하게 준비해야 합니다. 하나님이 준비된 만큼 쓰신다는 것을 기억하며 최선을 다해야 합니다.

한 가지 더 말씀드리면, 우리 교회는 교역자 회의를 하지 않습니다. 담임 목사 스케줄에 맞춰 부교역자들을 묶어두는 일을 하지 않습니다. 꼭 지시해야 할 것이 있으면 단톡방을 통해 소통합니다.

대담자 교역자 회의가 없다는 것은 정말 놀랍네요. 그런데 이런 의문도 생깁니다. "목회가 잘 될까? 모든 부분이 부드럽게 진행될까?"

류승동 목사 이것은 담임 목사의 지도력에 달려 있습니다. 전체를 보는 눈이 열려 있으면, 미흡한 부분은 얼마든지 개인적인 소통으로 해결할 수 있습니다. 그래서 형식적으로 매일 출근 시간에 맞춰 의무적으로 하는 교역자회의, 불필요한 대면 보고를 하지 않는 것입니다. 이처럼 불필요하고, 효과적이지 않은 일을 하지 않는 것이 교회 행정에 더 많은 도움이 된다고 생각합니다.

홍정표 목사 목사님 개인적으로 네 가지 요소의 영성에 있어서 힘듦을 경험해 보신 적이 있으신가요?

류승동 목사 먼저 성경 중심에 있어 힘듦을 경험합니다. 설교자로서 매일 설교하기 위해 성경을 가까이 하고, 연구합니다. 하지만 영의 양식으로 성경을 대하는 것은 시간이 없다는 핑계로 소홀하게 되는 경향이 있습니다. 이에 대해서 반드시 보충해야 한다고 생각합니다.

학창시절 처음 예수님을 만나고, 신앙 생활하면서 성경을 열심히 읽겠다고 다짐했습니다. 하지만 학생으로서 공부하면서 성경을 읽는다는 것이 쉽지 않았습니다. 그때 '육신의 생명을 위해서 하루 세 끼를 챙기는 것처럼, 영의 생명을 위해서 노력해야 한다. 성경을 읽지 않았다면 밥 먹기 전에 한 절이라도 읽어야 겠다'라고 다짐했습니다. 이러한 다짐이 계속 삶에 영향을 준다고 생각합니다.

홍정표 목사 영성의 네 가지 요소 중 마지막으로 열정을 말씀하셨습니다. 그런데 열정은 판단하기가 쉽지 않고, 오해가 생기기도 쉽습니다. 부교역자회의를 하지 않는 모습을 보고 저는 '탁월하다'라고 생각하지만, 성도들은 '열정적이지 않다'고 판단할 수도 있습니다. 이런 오해를 받으신 적은 없으셨나요? 또 이를 어떻게 극복하셨나요?

류승동 목사 열정은 겉으로 드러나는 열심과 다른 차원입니다. 그래서 열정을 드러나는 모습으로 판단할 수 있다고 생각하지 않습니다. 하지만 분명한 것은 열정이 있어야 열심도 지속된다는 것입니다.

부교역자회의와 대면 보고를 지양하는 것으로 인해, 부교역자가 나태함을 보일 수 있다는 부분에 대해서는 현실적으로 공감합니다. 하지만 교역자회의를 하고, 대면 보고를 한다고 해도 보여주기 식으로 행동할 수 있습니다. 그렇기에 어떤 형태를 취하든 결국에는 개인의 역량이라고 생각합니다.

보이지 않는 곳에서 책임의식을 가지고 열정을 다하는 사람은 결국 하나님이 쓰신다고 믿습니다. 형들이 사무엘 선지자 앞에 나아가는 순간에도 묵묵히 자기 자리를 지켰던 이새의 여덟 째 아들 다윗을 하나님이 찾아내시는 것처럼, 결국 그런 사람을 찾아 부르신다고 믿습니다.

대담자 목사님! 부교역자 중에서 다윗 같은 사람을 보신 적이 있으신가요? 묵묵히 자기 자리를 지키고, 하나님 중심, 성경 중심, 교회 중심, 사모함을 갖춘 영성의 사람을 찾으셨나요?

류승동 목사 쉽지는 않았습니다.

대담자 그런데 다윗이 사울의 질투로 고생한 것처럼, 다윗 같은 부교역자도 담임 목사님의 질투로 어려움을 당하는 경우가 많습니다. 다윗이 사울의 창을 피한 것처럼, 담임 목사님의 창을 피해야 할 때도 있습니다. 심지어 "부교역자는 능력이 있어도 숨겨야 한다"는 말도 있습니다.

류승동 목사 전혀 그렇지 않습니다. 부교역자가 담임 목사의 설교를 능가할 수 있도록 준비하고 노력하면 좋겠다고 생각합니다.

목사가 힘듦을 이겨낼 때

하나님과의 관계가 힘들 때

김일환 전도사 하나님과의 관계가 힘들 때 어떻게 해야 할까요?

류승동 목사 목회자에게 무엇보다 중요한 것은 하나님과의 관계입니다. 이 관계가 긴밀해야 합니다. 손을 내밀면 맞잡을 수 있는 거리를 유지해야 합니다. 하지만 이 관계가 멀어지는 것 같은 느낌을 받을 때가 있습니다. 이때 이 관계를 점검하는 질문을 하는 것이 도움이 됩니다. 《기도》,《잠자는 거인을 깨운다》의 저자 짐 그래함이 던진 하나님과 관계를 점검하는 몇 가지 질문을 추천합니다.

대담자 그 질문은 무엇인가요?

류승동 목사 하나님과의 관계를 돌아보는 첫 번째 질문은 **"매일 기도와 말씀으로 하나님 앞에 나아가고 있는가?"**입니다. 이는 굉장히 중요합니다. 학창시절 《조지 뮬러의 기도》라는 책을 읽고 감동을 많이 받았는데, 조지 뮬러는 기도를 통해, 자신의 기도에 끊임없이 응답하시는 하나님을 만났습니다. 기도를 통해 하나님의 은혜를 깊이 경험하고, 하나님과 친밀함을 느낄 수 있었던 것입니다. 마찬가지로 기도와 말씀의 시간은 하나님과의 관계를 회복하고 친밀하게 하는 중요한 길이 됩니다. 두 번째 질문은 **"죄를 고백할 때 정말 슬퍼하고 아파하는가?"**입니다. 세 번째 질문은 **"예수님이 내 삶의 진정한 주인이 아닌 부분이 있는가?"**입니다. 네 번째 질문은 **"주님께 예배드리는 것을 정말 기뻐하고 있는가?"** 특히 다른 사람이 집례하고 설교하는 예배에 집중하고 있는지 돌아보아야 합니다. 한 사람의 예배자로서 이러한 자세를 가져야 영성을 유지할 수 있기 때문입니다. 이처럼 위의 네 가지 질문을 저 자신에게 적용하면서 하나님과의 관계를 점검합니다.

대담자 너무 성실하게 목회에 임하다 번아웃을 경험하는 목회자가 적지 않습니다. 모든 에너지를 잃어서 말씀과 기도로 주님 앞에 나아가는 것도, 슬피 회개하는 것도, 하나님의 말씀에 반응하는 것도, 예배하는 것도 할 수 없을 때가 있습니다. 이로 말미암아 하나님과의 관계가 멀어질 때는 어떻게 해야 할까요?

류승동 목사 죄송하지만 저는 그렇게 심각한 경험을 하지는 않습니다. 다만 이러한 문제의 해결책도 성경을 통해 찾아야 한다고 생각합니다. 사도행전에 기록된 초대교회가 구제하는 일로 인해 갈등과 문제를 경험했을 때, 사도들은 구제하는 일을 교회가 세운 집사들에게 위임하고 하나님의 말씀과 기도에 전념했습니다.

저는 이것이 문제와 갈등을 해결하는 목회자의 기본자세가 되어야 한다고 생각합니다. 어떤 문제든 결국 하나님 앞에 나아가는 것만이 해결책입니다. 그러므로 다른 것보다 이것을 우선해야 합니다.

대담자 최근에 몇 년 동안 교회를 떠나 가나안 신자로 지내다가 우리 교회에 등록한 성도에게서 인상 깊은 말을 들었습니다.

"교회를 다니면서 상처받고 힘들었다. 하나님과 관계도 멀어졌다. 모든 것에 지쳤다. 그래서 교회를 떠났는데, 그렇게 떠나 지내는 동안 많이 회복되었다. 하나님과 관계도 회복되고, 큐티도 잘 되서 다시 교회로 돌아갔다. 그런데 돌아가자마자 다른 사람에게 상처받고 힘들어졌다. 또 지치고 하나님과의 관계가 멀어졌다. 다시 교회를 떠날 수밖에 없었고, 6개월 지나니까 다시 회복되었다. 이런 일을 겪으면서 '나는 교회가 필요 없는 사람이 아닌가?'라는 생각이 들었다."

농담 삼아 한 말이지만 뼈가 있는 말로 들렸고, 귀담아 들어야 할 시대적 언어도 있다고 생각합니다. 하나님과 관계보다는 육체적인 연약함이나 스트레스로 인해 힘들 때도 많다는 것입니다. 목사님은 이런 부분에서 힘든 점이 없으셨는지 궁금합니다.

류승동 목사 당연히 있습니다. 교회 사역이나 다른 부수적인 것들로 인해 시간과 정신을 빼앗겨 육체적, 정신적으로 피곤함을 느끼고, 지치면 하나님과 관계에도 문제가 생깁니다. 그 결과 신앙의 열정이 다운되는 악순환이 반복됩니다. 이때는 삶을 돌아보며 재정비하는 시간을 가져야 합니다. 저도 28년 단독 목회 하면서 안식년을 한 번 가졌습니다.

대담자 얼마나 쉬셨나요?

류승동 목사 2016년 8월 15일부터 10월 15일까지 두 달간 안식년을 가졌습니다. 이때 안식년을 갖는 것이 쉽지 않았습니다. '두 달이나 목회를 내려놓는다는 걸 과연 성도들은 어떻게 생각할까?'라는 생각 때문입니다.

성도들은 쉬지도 못하고 일하고, 육체적으로 쉬어야 할 주일에 예배와 교회 봉사로 섬깁니다. 그런 성도들에게 두 달간 안식년을 가진다고 말하는 것이 염치없다고 느꼈습니다. 그렇게 망설이고 주저하다가 재충전을 위해서 결단했습니다. 그리고는 조금이라도 제 마음을 전하기 위해 "안식년을 가지면서"라는 제목의 글을 주보에 실었습니다.

안식년을 가지면서
지금껏 달려온 발자취를 한 번쯤은 뒤돌아보고 싶었습니다. 하지만 이런 저런 생각들로 결단이 쉽지만은 않았습니다. 고민하고 또 고민하면서 휴식이란 아무것도 하지 않는 것이 아니라 그다음 일을 더 잘하기 위해 기계에 기름을 치는 거와 같다는 말에 용기를 내었습니다. 그리하여 이제 행동으로 옮기려 합니다. 목회의 하프타임을 갖고자 하는 제 용기에 기꺼이 박수를 보내주신 장로님들 제 결단을 이해하고 지지해 주실(?) 인후동 가족들에게 무한한 감사와 존경의 마음을 드립니다.

하여 지금부터 큰 배낭을 메고 많은 것을 담으려 합니다. 여러 교회의 다양한 예배를 꼼꼼히 경험하려 합니다. 여러 분야의 책들을 벗 삼아 진지한 대화를 나누려 합니다. 미국의 교회들과 선교지를 잠시 돌아보려 합니다. 제 건강을 점검해보고 체력 단련하려 합니다. 그러면서 앞으로의 목회를 가다듬으려 합니다. 제가 걸어온 목회 여정이 30년의 세월입니다. 늦은 감이 없지 않지만, 지금이라도 감사하게 생각하며 뜻있는 외출을 하려 합니다.

기도로 응원하여 주시기 바랍니다.

그렇게 안식년을 가진 후, 마음가짐이 새로워졌습니다. 성도들이 '두 달 후, 우리 목사님은 어떤 모습일까?'라며 기대할 것이라는 생각에 마음을 단단히 먹었습니다. '두 달 후, 이런 모습으로 서야지, 앞으로 이런 목회를 해야지'라는 생각을 안 할 수 없었습니다. 이처럼 안식년은 충전과 새로운 시작을 할 수 있는 시간이 되었습니다.

대담자 안식년을 통해 하나님과의 관계도 회복되고, 에너지도 충전하신 걸로 생각되네요?

류승동 목사 네 그렇습니다. 많은 부분을 생각하고 배우고 느끼는 시간이었습니다.

대담자 좀 잔인한 질문을 드립니다. "안식년, 또는 쉼을 가질 수 없는 부교역자들은 어떻게 해야 하는 걸까요?" 좀 고민이 되기도 합니다.

류승동 목사 우리 교회의 경우에도 부교역자들에게 안식년을 주지는 못합니다. 대신 지방회에서 해외 연수를 간다고 하면, 우리 교회에서 사역한 순서대로 보내줍니다. 지난 6월 교인들이 울릉도 여행을 갈 때도 여전도사님의 비용을 교회에서 전액 지원하면서 보내드리기도 했습니다. 10월에는 지방회 차원에서 진행되는 성지 연수에 부목사님을 보내드립니다. 이처럼 담임 목사가 부교역자들을 배려하는 자세가 필요하다고 생각합니다.

열등감에 사로잡힐때

김일환 전도사 목사님 이제는 개인의 힘듦에 관해서 다른 지표로 질문을 해보도록 하겠습니다. 많은 목사님이 정신병 걸릴 만큼 힘든 영역이 또 열등감입니다. 목회자만큼 열등감에 취약한 직업군이 없습니다. 설교도, 목회적 실적도, 목회적 스펙도, 여러 가지 역량도 모든 것을 비교하고 비교당합니다. 요즘에는 목회자의 외모까지도 서로 비교한다고 합니다. 저는 외모에 열등감이 없지만(웃음), 열등감에 사로잡힐 때 어떻게 해야 할까요?

류승동 목사 어린 시절 성장 과정을 보면, 저는 열등감에 사로

잡힐 수밖에 없는 상황이었습니다. 하지만 단 한 번도 열등감에 깊게 빠진 적은 없습니다. 하나님이 저를 부르셨고, 사랑하시고, 붙드신다는 확신 때문이었습니다. 또한 제게 주어진 달란트를 통해 최선을 다해 섬기고 있다는 마음 때문이었습니다.

사람들이 열등감에 빠지는 이유는 비교 의식 때문입니다. 그런데 하나님은 우리 한 사람 한 사람을 다른 사람보다 우월하기 때문에 부르신 것은 아닙니다. 우리 각자에게 필요한 부분이 있기에 부르신 것입니다. 실제로 자신이 상대방보다 우월하다고 생각하는 사람도 약점이 있습니다. 또 그에게 없는 것이 다른 사람에게 있을 수 있습니다. 그렇기에 목회자가 비교 의식에 근거한 열등감을 가지는 것은 옳지 않습니다. 성경적으로 볼 때도 그렇습니다.

"그러나 하나님께서 세상의 미련한 것들을 택하사 지혜 있는 자들을 부끄럽게 하려 하시고 세상의 약한 것들을 택하사 강한 것들을 부끄럽게 하려 하시며"(고전 1:27).

하나님은 꼭, 반드시 지혜 있는 자, 강한 자를 선택하시는 분이 아닙니다. 때로는 미련하고 약한 자들을 부르셔서 스스로 지혜있다고 생각하고, 강하다고 생각하는 자를 부끄럽게 만드시는 것이 하나님의 역사입니다. 실제로 상대와 비교해서 뛰어나다는 자만심에 사로잡히면, 그것이 교만이 됩니다. 하나님을 덜 의지하고 자기를 의지하는 위험성을 갖게 됩니다.

예수님이 어떤 자들을 열 두 제자로 선택하셨는지 분석하면, 하나님의 뜻을 이해할 수 있습니다. 열 두 제자는 당시 종교지도자들과 비교했을 때 상당한 열등감을 가질 수밖에 없었습니다. 출신 지역, 학력, 직업적으로 내세울 만한 것이 없었습니다. 오히려 사람들에게 손가락질 받는 세리 출신도 있었습니다. 그러나 하나님은 그들을 선택하시고, 사도의 직분을 감당할 수 있도록 은혜와 능력을 주셨습니다. 그 결과 어려운 환경 속에서도 초대교회를 세우고 승리하는 삶을 살았던 것입니다. 이런 면에서 열등감에 빠질 때, 비교 의식을 버리는 의식적인 훈련이 우리에게 필요하다고 생각합니다.

대담자 의식적인 훈련에 대해서 목사님이 갖고 계신 노하우가 있으실까요?

류승동 목사 모세를 생각합니다. 모세는 위대한 지도자 중의 한 사람입니다. 하지만 그는 그렇게 생각하지 않았습니다. 하나님이 모세를 부르셨을 때 주저했습니다. 아니 "나는 그 일을 하기 부족하다. 적당한 자가 아니다. 합당하지 않다. 말할 줄 모른다. 말에 재능이 없다"라고 거절했습니다. 뿐만 아니라 "보낼 만한 자를 보내소서"라는 말까지 합니다. 저는 이러한 모세를 주저하는 지도자라고 정의합니다. 그리고 하나님의 부름을 받은 사람은 절대로 주저하는 지도자가 되지 말아야 한다고 생각합니다. 그래서 목회자는 **'주신감'을 가져야 합니다**(우월감에서 나오는 것이 자신감이라면, **주님이 주신 힘을 '주신감'이라고 표현합니다**).

교회를 다니면서 부모님과 더불어 교회 다니는 친구들이 부러웠습니다. 혼자 신앙 생활하는 것으로 의기소침했고, 맥

이 빠질 때도 있었습니다. 그런데 "내가 너를 고아처럼 버려두지 않겠다"라는 말씀을 읽고 '나는 더 이상 혼자가 아니다. 하나님이 나의 아버지가 되셔서 고아처럼 버려두지 않으신다'라고 믿었습니다. 열등감의 늪에 빠지지 않는 주신감을 갖게 되었습니다. 이처럼 주신감으로 열등감을 극복해야 한다고 생각합니다.

대담자 그럼에도 불구하고 열등감에 빠진 적은 없으신가요? 목회적인 영역뿐 아니라, 외적인 영역에서라도...

류승동 목사 그런 영역은 특별히 없었던 것 같습니다. 학교 다닐 때 우스갯소리처럼 한 말이 있습니다. "목사님이나 장로님의 자녀는 빛의 아들이다. 불신의 가정에서 예수 믿고 신학 한 사람은 어둠의 자식이다." 이는 신앙의 환경에서 자라나고, 목회자의 가정에서 자라 목회를 가까이에서 보고 배웠던 이들에게 대한 부러움이었습니다. 그렇지만 주신감으로 말미암아 이것이 열등감으로 자리 잡지는 못했습니다.

대담자 조금 조심스러운 질문입니다. 목사님 육체적인 연약함으로 인해 남들과 비교되거나 스트레스를 받지는 않으셨나요?

류승동 목사 없다고는 할 수 없지만, 상당 부분 극복됐다고 생각합니다. 어릴 때는 지금보다 더 불편했고, 치유를 위해서도 굉장히 매달리며 기도했습니다. 또한 핸디캡을 극복하기 위해 육체적인 부분 외의 부분에서 뛰어난 역량을 가지려고 노력하기도 했습니다. 그러다 하나님이 사도 바울에게 주신 말씀으로 인해 이 문제에서 벗어나게 되었습니다.

"나에게 이르시기를 내 은혜가 네게 족하도다 이는 내 능력이 약한 데서 온전하여짐이라 하신지라 그러므로 도리어 크게 기뻐함으로 나의 여러 약한 것들에 대하여 자랑하리니 이는 그리스도의 능력이 내게 머물게 하려 함이라"(고후 12:9).

하나님은 사도 바울에게 은혜의 수단으로 육체의 가시를 안고 살아가게 하셨습니다. 이것은 사도 바울이 교만해지지 않도록 만드는 은혜의 수단이었습니다. 이를 기억하며 제게 주어진 육체의 가시도 은혜의 수단이라고 받아들이며 스트레스에서 벗어날 수 있었습니다.

대담자 열등감에 대해 조금만 더 이야기 해 보겠습니다. 최근 목회자들도 SNS를 많이 합니다. 그런데 어떤 분들은 "목회자는 SNS를 하면 안 된다"고 단정 짓습니다. SNS를 할 때마다 비교하게 되고, 열등감에 빠질 수 있다는 이유에서입니다.

하지만 SNS를 통해 열정과 에너지가 생긴다고 하는 이들도 있습니다. 누군가가 열심히 하는 모습을 보고 자극을 받아 더 많이 연구하고 준비하게 된다는 것입니다. 이처럼 좋은 점과 나쁜 점을 모두 가지고 있는 목회자의 SNS에 대해 어떻게 생각하시나요?

류승동 목사 저는 그다지 SNS을 하지 않습니다. 제가 SNS에 대해 무지하거나 기계치여서가 아닙니다. SNS 상에서 오고가는 사람들의 평가에 별 비중을 두지 않기 때문입니다. 마찬가지로 SNS가 열등감을 느끼게 하는 요소로 작용한다면 멈추는 것이 좋습니다. 반면 SNS를 긍정적으로 활용할 수 있는 분에게는 권장할 만하다고 생각합니다.

그러나 저 개인적으로는 SNS를 더 깊이 배우고 싶습니다. 그것이 현대 목회에 유익하게 적용이 된다면 얼마든지 열린 마음으로 수용합니다. 그래서 요즘은 젊은 전도사나 사역자들에게, SNS의 기능이나, 활용법들에 대해서 다각도 적으로 대화도 하며 배우고 있습니다. 여전히 어려운 것들이 많이 있지만, 새로운 것들을 배움에 기쁨이 큽니다.

대담자 목사님이 SNS에 열린 자세를 가지시니, 참 좋네요. 그러나 목사님 말씀대로, 그것인 목회자에게 열등감을 유발하는 것이라면, 차라리 하지 않는 것이 좋겠죠.

목사님 조금 더 깊게 질문하겠습니다. 열등감 중에서 정말 극복할 수 없는 영역도 있는 것 같습니다. 목회자에게 있어서는 임지라고 생각합니다. 누구의 자녀라는 이유로 수월하게 청빙을 받는 이들과 앞이 막막한 현실에 놓인 자신을 비교하며 열등감에 빠지는 경우도 있습니다. 나보다 조건이 좋은 사람은 좋은 교회의 담임 목사가 되어 목회를 하는데, 아직 임지를 정하지 못하고 부목사로 섬기는 자신이 초라하게 느껴지는 것입니다. 이럴 때 어떻게 해야 할까요?

류승동 목사 이때는 안 되는 것, 못 되는 것에 집중하지 않아야 합니다. 그러면 좌절하게 되고, 열등감으로 자신을 몰아가게 됩니다. 그렇기에 내가 잘 할 수 있는 것이 무엇인지 질문하고, 그것에 집중해야 합니다. 자신을 어떤 시각으로 보느냐에 따라 엄청나게 다른 결과가 오기 때문입니다.

또한 교회의 크고 작음으로 목회자의 역량을 판단하는 것에 대해 지양해야 합니다. 대형 교회 목회를 해도 행복하지 않을 수 있고, 작은 교회 목회를 해도 행복할 수 있습니다. 목회자의 역량도 마찬가지입니다. 그보다 중요한 것은 "목회자가 정말 하나님 앞에서 진실하게 목회하고 있고, 그 안에서 행복을 누리고 있느냐?" 하는 것입니다. 이를 기억하며 외형적인 것보다 내면적인 것, 기본에 집중하는 자세가 필요합니다.

대담자 부교역자로 있더라도 담임 목사가 되는 것보다 더 행복할 수 있다는 말씀이신 거죠?

류승동 목사 안식년을 하면서 미국의 성장하는 교회를 탐방했습니다. 그때 담임 목사보다 나이가 많은 부목사를 보았습니다. 담임 목사보다 사례비를 더 많이 받는 부목사도 보았습니다. '이러한 현상이 한국 사회에서 가능할까?' 물음표를 붙일 수밖에 없었습니다. 그런데 더 놀라웠던 것은 이들이 역량이 부족하고, 임지가 없어서 부목사를 하는 것이 아니라는 사실이었습니다.

이들은 부목사로서 자신이 하는 일들이 하나님이 맡기신 일이고, 보람된 일이라는 의식을 가지고 있었습니다. 이러한 의식이 있다면 부교역자로 있더라도 담임 목사가 되는 것보다 얼마든지 행복할 수 있다고 봅니다.

대담자 연이서 질문하겠습니다. 말씀하신 담임 목사보다 나이가 많은 부목사, 월급이 많은 부목사에 대해 긍정적으로 생각하시나요?

류승동 목사 이것이 가능한 목회적 토양이 부럽습니다. 그러나 한국 교회가 이것을 실현하려면 시간이 더 필요하다고 생각합니다. 목회자나 성도도 더 성숙해져야 한다고 생각합니다.

대담자 마지막으로 열등감에 대해서 한번 더 질문하겠습니다. 말씀하신 것처럼 우리에게는 연약한 사람을 사용하시는 하나님의 은혜에 대한 신뢰도 있고, 주신감도 있습니다. 하지만 어찌 할 수 없는 한계도 있습니다. 극복할 수 없는 연약함과 무지도 있습니다. 은혜보다는 이를 뼈저리게 느끼며 고민하는 후배 목회자들을 위해 선배 목회자로서 위로와 조언의 말씀을 부탁드립니다.

류승동 목사 "어차피 바꿀 수 없는 부분이라면 있는 그대로 받아들이고, 즐기라"고 말씀드리고 싶습니다. 저에게도 아무리 노력해도 바꿀 수 없는 부분이 있었습니다. 하지만 그것이 계속해서 저를 힘들게 하는 요소로 작용하도록 하는 것 만큼은 막을 수 있었습니다. 그것을 그대로 받아들이고 인정하는 것입니다. 그렇게 열등감과 패배감이 우리를 잡아먹지 않도록 하는 것이 더 낫다고 생각합니다.

대담자 모든 목회자가 연약한 부분도 있지만 탁월한 부분 역시 가지고 있습니다. 하나님이 주신 특별한 은사를 받은 경우도 있습니다. 그로 인해 다른 이의 부러움의 대상, 시기와 질투의 대상이 될 때 어떤 태도와 자세를 가져야 할까요?

류승동 목사 먼저는 부족하고 연약한 사람에게 베푸신 하나님의 은혜에 대해서 감사하는 마음을 가져야 합니다. 그리고 이를 부러워하거나 질투하는 이가 있다면, 거들먹거림, 자랑이 되지 않도록 특별히 신경 써야 합니다. 하나님이 부족한 인생에 개입하셔서 역사하신 과정을 겸손하게 설명할 수 있어야 합니다. 이로 말미암아 상대도 하나님의 은혜를 경험할 수 있다는 믿음을 가질 수 있도록 위로, 격려하는 태도가 필요하다고 생각합니다.

오해 받을 때

김일환 전도사 목회자 개인의 힘듦에 대해 좀 더 이야기 해 보고 싶습니다. 목회자가 의도하지 않게 오해를 받을 때도 적지 않습니다. 상처를 받았다는 성도가 있고, 목회자에게 공격적으로 나오는 이들도 있습니다. 이처럼 오해를 받을 때 목회자의 대처, 처세에 대해 이야기 해 주십시오.

류승동 목사 오해 없는 세상이 있다면 참 좋겠습니다. 살다보면 오해는 필연적으로 발생할 수밖에 없습니다. 다른 분들과 마찬가지로, 저 역시 오해 때문에 상처가 되고, 마음이 힘든 부분이 있었습니다.

대담자 어떤 부분이 가장 큰 오해였는지도 나눠주시면 좋을 것 같습니다.

류승동 목사 큰 사건이 될 만한 오해는 없었지만 인후동교회 부임한 후, 기존신자들이 "목사님은 우리에게 별 관심없어", "새신자에게만 관심이 많아"라는 오해를 한 적이 있습니다. 제가 기존신자와 새신자를 차별한다는 오해였던 것입니다. 이런 것이 쌓이면 교회 안에 큰 영향을 끼칠 수 있었기에, 당시 제 마음을 솔직하게 이야기하며 오해를 풀었던 기억이 있습니다.

대담자 목회를 탁월하게 하신다는 느낌을 받습니다.

류승동 목사 그것은 아닙니다. 하지만 다른 사람에게 싫은 소리 듣는 것도 좋아하지 않고, 나의 말이나 행동으로 인해 누군가에게 상처를 주지 않으려고 애를 씁니다. 그래서 다른 사람 이야기 전하는 걸 하지 않습니다. 또한 다른 사람이 누군가에 대해서 험담하는 것도 듣지 않으려고 합니다. 내 앞에서 누군가를 나쁘게 말하는 사람은, 다른 누군가에게 저에 대해서 좋지 않게 말할 가능성이 있다고 생각하기 때문입니다. 그래서 이런 사람과는 가까이 하지 않으려는 경향이 있습니다.

　제가 이처럼 조심한다고 하더라도, 오해를 받는 일은 있을 수밖에 없습니다. 크게 오해받을 일은 아니더라도 작은 말, 행동이 오해를 사기도 합니다. 그런데 작은 구멍이 둑을 무너뜨리는 것처럼, 작은 오해를 방치하면 나비효과를 일으켜 교회 공동체를 어렵게 만들 때도 있습니다. 그렇기에 이처럼 작은 오해, 사소한 오해를 푸는 것이 좋습니다.

대담자　오해받지 않으려면 어떻게 처신해야 할까요?

류승동 목사　저는 두 마디를 잘 해야 한다고 생각합니다. 먼저 "**감사합니다**"입니다. 성도가 대접하는 것을 당연히 여기지 말고, 성도의 배려와 존중에 대해서 감사하는 마음을 가져야 합니다. 그리고 형식적인 감사가 아니라, 마음에서 우러나오는 감사를 표현할 줄 알아야 합니다.

　다른 하나는 "**미안합니다**"입니다. 실수를 인정할 줄 알아야 합니다. 어느 목사님에게 받은 상처가 있습니다. 그분이 앞에서 예배를 인도하셨는데, 마지막 순서였던 주기도문 시간에 사도신경을 하신 것입니다. 순간적으로 실수하신 것입니다.

그런데 예배를 마친 다음 그분은 "제가 실수했다고 생각합니까? 여러분이 주기도문을 주문처럼 외우는 것 같아서 의도적으로 사도신경으로 했습니다"라고 말씀 했습니다. 저는 그분의 말에서 전혀 진정성이 느껴지지 않았습니다. 이때 차라리 순간적 실수였다고 하며 미안하다고 했으면 됐습니다. 목사가 실수를 너무 자주해도 안 되지만, 실수했을 때는 미안하다고 해야 합니다. 그래야 상처받는 이도 없고, 오해도 생기지 않을 수 있습니다.

대담자 그럼에도 불구하고 오해를 받을 때는 어떻게 처신해야 할까요?

류승동 목사　먼저 "왜 오해가 생겼났는가?" 분석하는 것이 필요합니다. 원인을 알아야 문제를 해결할 수 있기 때문입니다. 소통이 부족했기 때문인지, 신뢰의 부재 때문인지 판단해야 합니다.

또한 분노의 감정을 조절해야 합니다. 누군가 자기 생각에 사로잡혀 일방적으로 오해한다면, 분노의 감정을 느낄 수밖에 없습니다. '나는 그렇게 말하지 않았는데', '전혀 그렇게 생각하지 않았는데', '왜 저렇게 생각하고 말하는 것일까?'라며 나쁜 마음들이 올라옵니다. 이런 마음으로 반응하고 혈기를 부리면 반드시 상황이 악화됩니다.

대담자　오해를 받아도 혈기를 부리지 않고, 기다리고 참아야 한다는 거죠?

류승동 목사　제가 좋아하는 말 중의 하나가 "시간이 약이다"입니다. 숨을 크게 쉬며, 냉각기를 가지고 기다릴 필요가 있습니다.

대담자　인격에 관한 부분이나 치명적인 오해라도 참아야 할까요?

류승동 목사 저는 그렇다고 생각합니다. "주께서 일어나사 시온을 긍휼히 여기시리니 지금은 그에게 은혜를 베푸실 때라 정한 기한이 다가옴이니이다"(시 102:13)라는 말씀처럼, 결국에 정한 기한이 오면 오해가 풀릴 것입니다. 그렇기에 말을 하거나 행동을 하기 전에 즉각 반응하지 말고, 한 박자 미루는 훈련이 필요합니다.

대담자 너무 좋은 얘기를 해 주셨습니다. 오해받을 때 즉각 반응하지 말고 한 박자 쉬어라.

류승동 목사 관계에 있어서는 승패가 나뉘는 것보다 모두 승리하는 것이 좋습니다. 나도 좋고 상대도 좋을 수 있어야 합니다. 이것이 많은 시행착오를 겪으면서 터득한 목회 원리입니다.

대담자 오해를 받더라도 혈기 부리지 않고, 기다리면 문제가 해결된다는 말씀인가요? 기다리면 오해가 풀리고 관계가 회복될 수 있는 기회가 찾아올까요?

류승동 목사 그렇습니다. 그래서 오해를 받을 때 시간을 가지고 기다리라고 하는 것입니다. 감정적으로 반응하면 싸움이 커지고 관계가 악화될 가능성이 농후할 뿐입니다. 그렇게 기다린 후 진솔한 대화를 시도해야 합니다. **이를 위해서 반드시 거쳐야 할 과정이 있는데, 바로 기도입니다. 문제를 풀기 위해 대화 전, 반드시 기도로 준비해야 합니다.**

대담자 감사합니다. 기다리면 오해가 풀릴 기회와 여지가 반드시 온다는 말씀이 목회적으로 큰 도움이 되었습니다.

류승동 목사 한 가지 부연하면, 목회자들이 상담에 관심을 가질 필요가 있다고 생각합니다. 목회의 많은 영역이 사람을 이해하고 대해야 하는 것이기에 목회 상담 훈련이 필요한 것입니다. 목회자들이 최소한 상담 기법에 대해서라도 공부를 하면 좋겠습니다.

육체적으로 힘들 때

김일환 전도사   목회자 개인의 힘듦에 관해서 다시 여쭙고 싶습니다. 특별히 육체가 연약한 목회자도 있습니다. 한쪽 눈의 시력을 잃은 분도 있고, 당뇨로 인해 고생하는 분도 있습니다. 이러한 부분으로 인해 오해를 받기도 하고, 심지어 사역하던 교회에서 쫓겨나는 경우도 있습니다. 뿐만 아니라 다른 육체적 문제로 어려움을 겪는 분들도 적지 않습니다. 이때 극복하는 방법에 대해서 조언을 부탁드립니다.

류승동 목사   아픈 현실입니다. 목회자의 건강은 목회에 있어서 꼭 필요하기도 하고, 도움이 됩니다. 하지만 육체의 약함을 가지고 있다고 목회를 하지 못하는 것도 아닙니다.

하나님의 소명 때문입니다. 하나님은 육체의 연약함을 이미 아셨음에도 그를 부르셨습니다. 그를 통해 하실 일이 있으셨기 때문입니다. 그렇기에 육체의 약함이 목회에 있어 장애가 될 수 없습니다. 약함을 극복하는 것이 쉽지 않지만, 그것을 넘어서는 강점을 만들어낸다면 분명 쓰임 받을 수 있다고 생각합니다.

대담자 이 부분에 대해 조금 더 이야기를 하고 싶습니다. 과도한 사역으로 인해 목회자의 건강관리가 어려운 경우도 있습니다. 목회자로 하여금 탈진할 수 있는 환경을 교회가 제공하는 것이 아닌가라는 생각이 들 때도 있습니다. 이런 상황 속에서 어떻게 건강관리를 할 수 있을까요?

류승동 목사 목회자의 건강관리 반드시 필요합니다. 자동차가 쉬지 않고 달리기만 하면 굉장히 위험한 것처럼, 쉬지 않고 목회에만 전념하는 것도 위험한 일입니다. 실제로 선배 목회자들이 건강이나 가정을 돌보지 않고, 교회 목회에만 전념한 것은 교회 성장에 큰 도움이 되었지만 이로 인해 상처받은 목회자 자녀도 많습니다. 또한 과로로 쓰러진 목회자들도 적지 않습니다.

자동차 브레이크를 밟아야 큰 사고를 방지할 수 있는 것처럼, 목회자도 브레이크가 있어야 합니다. 하나님이 6일 동안 창조하시고, 일곱째 날 안식하시고, 우리에게 안식하라고 명하신 것을 기억해야 합니다. 조금도 쉬지 않고 목회에 집중하는 것은 하나님의 창조 원리에 어긋나는 것입니다. 그렇습니다. **휴식은 반드시 필요합니다. 쉬는 것도 사역입니다.**

대담자 목회자가 어떻게 건강관리를 해야 하는지, 쉬어야 하는지에 대해서 말씀해 주십시오.

류승동 목사 육체 피로와 정신적 어려움이 연계될 때가 많습니다. 육체적 피로가 정신적 어려움이 되기도 하고, 정신적 어려움이 육체적 어려움으로 나타나기도 하는 것입니다. 또한 이로 인한 스트레스는 우리 몸에 독소를 쌓이게 해서 더 큰 어려움으로 나타나기도 합니다. 그렇기에 이를 해소할 수 있는 장치가 필요합니다. 더 큰 문제로 가지 않게 하는 예방 장치입니다. 목회자들의 취미생활이 좋은 장치가 된다고 생각합니다.

대담자 후배 목회자들에게 추천하시는 취미가 있으실까요?

류승동 목사 저의 경우 육체와 정신이 힘들 때, 짧은 여행을 하거나, 핸드드립 커피를 내려 마시면서 쉬는 시간을 갖습니다. 이 모든 것이 여의치 않을 때는 좋은 커피숍을 찾아 잠시 여유를 가질 때도 있습니다. 이처럼 영화, 등산, 음악 감상 등의 취미생활은 목회자뿐 아니라 모든 사람의 영혼과 육체의 건강을 유지하는 좋은 도구가 됩니다.

대담자 취미가 없는데, 목사님 말씀을 들으며 반드시 취미 생활을 해야겠다는 마음이 듭니다. 그런데 젊은 부교역자들 경우 취미 생활을 할 만 한 시간적, 경제적 여유가 없습니다. 목회자가 스포츠하는 것을 좋아하지 않는 교회도 있습니다. 어려운 부분인 것 같습니다.

류승동 목사 과유불급이라는 말처럼 취미도 너무 지나치면 문제가 됩니다. 너무 취미에 빠져 시간과 마음을 빼앗기는 것은 분명 지혜롭지 못합니다. 하지만 건강관리를 위해 운동하는 것을 나쁘게 보는 것은 옳지 않다고 생각합니다.

또 하나 당부하고 싶은 것은 마음을 나눌 수 있는 동역자를 만드는 것입니다. 끊임없이 고민을 나누고, 직언을 할 수 있는 동역자와의 대화는 목회자의 정신 건강에 큰 유익이 되기 때문입니다. 이런 만남은 목회적 동력이나 활력을 얻는 데도 큰 도움이 됩니다.

또한 동역자와의 사귐은 교회나 목회자 개인에게 생길 수 있는 문제나 사고를 미연에 방지하는 효과도 가져옵니다. 실제로 외골수적인 성격을 가지고, 동역자와의 관계를 잘하지 못하는 사람이 큰 문제를 일으키는 경우도 많습니다. 그러므로 동역자와 친밀한 만남을 자주 갖는 것도 중요하다고 생각합니다.

대담자 마음을 나눌 친구 없이 지내는 것도 목회자에게 큰 문제가 되네요?

류승동 목사 아무래도 문제가 있을 때, 함께 고민하는 동역자가 있으면 좀 더 쉽게 문제를 해결할 수 있습니다. 하지만 아무런 문제가 없는 것처럼 자신마저 속이다보면 어느 순간 문제가 눈덩이처럼 부풀어져 있습니다. 그렇기에 진솔한 대화를 할 수 있는 동역자가 반드시 필요합니다.

목회자의 건강을 위해서 한 가지 더 말하자면, 안식년의 필요성입니다. 목회자의 안식년은 목회자뿐 아니라 교회에도 분명 도움이 됩니다. 그러므로 안식년을 갖는 것에 대해서 용기를 내야 한다고 생각합니다. 안식년을 몇 달, 혹은 1년 가질 수 없는 경우, 다른 방법을 내서라도 쉴 수 있어야 합니다. 1년에 한 달이든지, 5년에 2~3개월이든지 방법을 찾아 재충전할 수 있는 시간을 가져야 합니다.

인후동교회의 경우, 2~3년에 한 번 이상 담임 목사가 종합 검진을 받도록 배려합니다. 목회자가 아프면 교회적으로 손해라는 생각으로 시행합니다. 이처럼 목회자의 건강을 개인의 문제가 아닌 교회 공동체의 문제로 보는 것이 바람직하다고 생각합니다.

홍정표 목사 기독교대한성결교회 해외선교위원회에 계실 때, 선교사 은퇴 이후의 정책을 나누면서 정신적인 부분만 아니라 스포츠선교회도 활성화해야 한다는 이야기를 하셨습니다. 목회자나 선교사들이 이를 통해 유대 관계를 맺고, 건강을 위해서 애써야 한다는 측면으로 생각하고 계셨던 거네요?

류승동 목사 그렇습니다. 하지만 지나친 승부욕으로 다치는 것에 대해서는 생각해야 합니다. 수술하고 병원에 입원해야 해서 교회 사역에 1~2달 지장을 준다면, 어느 교회도 지지해 줄 수는 없을 것입니다. 건강관리를 위해 운동하는 것은 좋지만, 거기에 매여서 사역에 지장을 주면 잘못입니다.

돈이 없을 때

김일환 전도사   목회자와 돈의 문제에 대해서 생각해 보겠습니다. 많은 사례비와 특혜로 지탄의 대상이 되는 목회자도 있지만 대부분의 목회자는 빈곤에 시달립니다. 특히 가족을 부양하기에 어려운 사례비를 받는 부교역자도 적지 않습니다. 이처럼 목회자에게 돈이 없을 때 어떻게 해야 할까요?

류승동 목사   예민한 주제입니다. 저의 경우 성장 과정에서 굉장히 가난했습니다. 신대원 시절에도 크게 나아지지 않았습니다. 선배가 개척한 교회에서 봉사할 때, 금요기도회에 참석하려고 옷을 차려입고 나가려는데, 버스비가 없어서 주저앉아 하염없이 운적도 있습니다. 이처럼 돈이라는 것이 없으면 사람을 힘들게 합니다. 이처럼 돈은 무시할 수 있는 것은 아닙니다. 그렇지만 목회자가 너무 돈에 열중하는 것도 문제입니다.

한편 돈에 대한 태도가 시대에 따라 많이 다릅니다. 저의 선배 목회자들은 돈에 초연해야 한다는 이야기를 많이 했습니다. 하지만 후배 목회자들은 돈에 대해서 중요하게 생각합니다. 이 사이에서 저는 돈을 중립적으로 생각할 필요가 있다고 생각합니다. 실제로 성경은 돈 그 자체를 선도 악도 아니라고 합니다. 돈을 사용하는 자에 따라서 선이 될 수도 있고, 악이 될 수도 있다는 것입니다.

또한 교회와 성도들은 목회자에게 청빈하고 욕심이 없는 생활을 요구합니다. 이것이 틀린 것은 아니지만, 청빈과 빈곤의 차이가 분명함도 알아야 할 것입니다. 목회자가 돈을 사랑한다는 인상을 주는 것도 문제가 됩니다. 이를 기억하면서 돈에 대한 목회자의 태도에 대해서 생각해야 합니다.

대담자 대형 교회 청빙을 바라면서, 지방의 작은 교회나 사례비가 적은 교회 청빙에 응하지 않으려는 현상이 있습니다. 이를 극복할 수 있는 방법이 없을까요?

류승동 목사 물리적으로 교단 차원에서 호봉제를 정해서 어느 교회에 부임하든 전도사나 목사 연차에 따라 동일한 사례를 하는 것입니다. 그러나 교회마다 나름의 이유로 이를 수용하는 것이 쉽지 않습니다. 그렇기에 목회자 신앙 양심과 목회직에 대한 가치관에 기인할 수밖에 없습니다.

개인의 경험으로 말씀드리면 돈의 문제는 욕심을 부려도 해결이 안 됩니다. 오히려 마음을 비울 때 하나님의 공급하심을 경험할 수 있습니다.

"그러므로 염려하여 이르기를 무엇을 먹을까 무엇을 마실까 무엇을 입을까 하지 말라 이는 다 이방인들이 구하는 것이라 너희 하늘 아버지께서 이 모든 것이 너희에게 있어야 할 줄을 아시느니라 그런즉 너희는 먼저 그의 나라와 그의 의를 구하라 그리하면 이 모든 것을 너희에게 더하시리라 그러므로 내일 일을 위하여 염려하지 말라 내일 일은 내일이 염려할 것이요 한 날의 괴로움은 그 날로 족하니라"(마 6:31~34).

이를 기억하며, 먼저 주님의 나라와 교회와 의를 구하는 신앙이 목회자에게 필요하다고 생각합니다.

대담자 목회자는 돈에 있어서 청빈을 기본으로 해야 하지만, 하나님의 공급하시는 부분도 있다고 말씀하시는 거죠?

류승동 목사 **목회자가 빈곤하지는 않아야 합니다. 가장 중요한 부분은 충족되어야 합니다. 그러나 자족하는 비결도 배워야 합니다.** 바울의 고백처럼 돈에 너무 연연하거나 매달려서 모든 판단의 기준이 되게 하는 것은 지양해야 합니다. 적으면 적은대로 많으면 많은대로 자족할 수 있어야 합니다.

대담자 외람된 질문이지만 인후동교회 부교역자들은 적정한 사례비를 받고 있나요?

류승동 목사 적정한 사례비라는 것이 천편일률적이지 않습니다. 지역마다 조금씩 다를 수 있습니다. 전주라는 지방으로 볼 때는 적정한 수준이라고 생각합니다.

대담자 사실 인후동교회가 부교역자들에게 정말 잘해주신다는 이야기를 들었습니다. 그런데 목사님! 돈이 없어서 목회가 힘들고 어려울 때도 있으셨나요?

류승동 목사 돈에 대해서 힘들다고 생각한 적은 없습니다. 단독 목회를 두 번째 하는데, 두 교회 모두 대지를 매입하고, 성전 건축을 했습니다. 이때마다 여유가 있었던 적은 없습니다. 대출을 받기도 하고, 1년 동안 사례비를 모두 헌금해야 할 때도 있었습니다. 하지만 단 한 번도 굶어본 적이 없습니다. 이런 면에서 목회자의 삶은 하나님이 책임지신다는 강한 확신을 하고 있습니다.

대담자 "돈이 없을 때 하나님을 믿어라"고 말할 수 있겠네요?

류승동 목사 막연하게 들릴 수는 있을지 모르지만, 적어도 하나님 앞에 자신을 드리기로 헌신한 목회자라면 이런 자세가 필요하다고 생각합니다.

자기 개발이 안 될 때

김일환 전도사 부교역자의 경우 특히 자기 개발이 안 될 때가 있습니다. 독서를 하거나 신학을 공부할 만한 시간 내기가 쉽지 않습니다. 시대를 읽고 대응할 준비도 부족합니다. 또한 교회에서 필요한 사역을 위한 기술이지만 신학교에서는 배우지 않아 힘들 때도 있습니다. 코로나 이후 영상 사역이 중요하게 되었지만, 신학교에서 영상 편집에 대한 과정을 공부한 적 없는 것처럼 말입니다.

또한 목회 사역적으로 전문성을 갖기 위해 자기 개발을 하려고 해도, 교회에서 지원받지 못하는 경우도 있습니다. 이런 부분을 어떻게 극복하면 좋을까요? 또한 어려운 상황 속에서도 자기 개발을 할 수 있는 방법을 추천해 주실 수 있으신가요?

류승동 목사　교회나 담임 목사가 부교역자에게 요구하는 바는 분명 있습니다. 전문성과 탁월함을 가지고 교회와 목회 사역에 도움을 주기를 바랍니다. 그러나 **근본적으로 목회자 본질이 무엇인지에 대해서 절대로 놓쳐서는 안 됩니다.**

영상을 예로 드셨는데요. 목사가 영상 편집에 탁월한 실력이 있어서 교회에 유익을 주는 것은 좋습니다. 하지만 그것이 반드시 필수적으로 요구되는 기술이 되어서는 안 됩니다.

부교역자가 다른 교회에 부임해서 잘 할 수 있도록 목회 경험을 쌓는 것도 좋다고 생각합니다. 또한 교육 철학을 세우고 그에 맞는 목회 계획을 세워 다음세대 사역을 체계적으로 할 수 있도록 돕는 것도 필요합니다. 이처럼 부교역자에게 목회적 기술보다는 목회자의 본질을 지키며 사역할 수 있도록 해야 합니다.

대담자　쉽게 정리하면, 목회자로서 개발해야 하는 영역에만 집중하면 된다는 거죠. 그런데 교회에서 부교역자 생활을 하다 보면, 그렇지 않은 경우도 많습니다. 영상과 같은 전혀 관심이 없는 분야라도 무조건 해내야 할 때도 있습니다. 이러한 것들이 부교역자들을 지치게 하는 것 같습니다.

류승동 목사 저도 그런 경험이 있습니다. 신대원 시절 교육부서 담당 교역자로 봉사했는데, 찬양대 지휘자가 갑자기 그만 두면서 지휘를 해야 하는 경우가 있었습니다. 저의 달란트로는 도저히 찬양대를 지휘할 수 없었는데도 말이죠. 그러나 담임 목사님의 지시였기에 순종했습니다.

이때 찬양대원들에게 솔직하게 말했습니다. "저에게는 지휘할 수 있는 능력이 없습니다. 그러나 담임 목사님이 말씀하셨기 때문에 이 자리에 섰습니다. 그러니 저에게 음악적인 요구를 하시면 안 됩니다. 다만 성가대원의 자세, 연습 태도에 대해서만 지도하고, 후임 지휘자에게 바통을 넘기겠습니다."

이후 찬양대를 맡으면서 많이 힘들었습니다. 그러나 후회하지는 않았습니다. 나름대로 많은 것을 배울 수 있는 시간이었기 때문입니다. 담임 목사가 되었을 때 찬양대를 어떻게 운영해야 하는지에 대해 생각할 수 있었습니다. 이 경험은 부교역자에게 모든 것이 도움이 된다는 교훈을 주었습니다. 그렇습니다. 부교역자에게는 모든 경험이 피가 되고 살이 됩니다. 그러니 달란트가 부족하다고 피하는 것보다는 순종하여 경험을 쌓는 것이 좋다고 생각합니다.

대담자 부교역자 입장에서 담임목회를 할 수 있는 준비를 어떻게 해야 할까요? 특별히 집중해야 하는 영역이 있을까요?

류승동 목사 부교역자다운 생활을 했던 유일한 교회가 전주 태평성결교회였습니다. 목회에 대해 잘 몰랐던 저에게, 이 기간은 목회에 대해 정확하게 인식할 수 있는 배움의 시간이었습니다. 실제로 이 기간 동안 목회의 기본 토양을 쌓았습니다. 작고하신 고(故) 김용칠 목사님 밑에서 보낸 5년의 부교역자 생활은, 제 일생에서 빼놓을 수 없는 소중한 시간이었습니다.

이 기간 동안 가장 중요한 자산이 된 것은, 담임 목회를 할 때를 대비하여 많은 목회 자료를 모은 것입니다. 이 자료들은 실제로 담임 목회를 할 때, 큰 유익이 되었습니다.

대담자 목사님이 모으신 목회적 자료를 시대적 언어로 표현하면, 목회적 아이디어, 목회 철학 이라고 표현할 수 있겠네요?

류승동 목사 그렇습니다. 지금은 인터넷이 너무 발전되어서 마음만 먹으면 얼마든지 좋은 자료를 가질 수 있습니다. 하지만 부교역자로 사역하는 곳에서 담임 목사님을 보면서 어떻게 목회해야 하는지, 어떤 목회를 해야 하는지에 대해 고민하며 목회철학을 준비하는 것은 정말 큰 자산이 됩니다.

목회를 포기하고 싶을 때

김일환 전도사 목사님, 다른 파트로 넘어가 보겠습니다. 목회를 하다보면 여러 가지 이유로 그만두고 싶을 때도 있습니다. 이런 마음을 가진 후배 목회자들을 위해 어떤 조언을 하시겠습니까?

류승동 목사 누구에게나 한계가 반드시 찾아옵니다. 이때 사람들은 크게 두 갈래 길을 생각합니다. **'계속해서 이 길을 갈 것인가?', '다른 길로 돌아설 것인가?'** 저는 정도의 차이는 있지만, 이 갈림길에 누구나 서게 된다고 생각합니다. **이 갈림길에서 포기하지 않기 위해서는 멘탈 훈련을 해야 합니다.**

이를 위해 보도 셰퍼의 《멘탈의 연금술》이라는 책을 추천합니다. 이 책에는 유리 멘탈을 강철 멘탈로 만들어 성공에 이룬 사람들의 이야기가 담겨 있습니다. 이를 통해 목회자들도 멘탈 훈련을 하면 좋겠습니다.

대담자 저도 읽어봐야겠네요.

류승동 목사 오해를 받을 때도, 목회자의 멘탈이 흔들리지 않으면 문제를 쉽게 해결할 수 있습니다. 이를 위해서는 먼저 소명에 대한 확신이 중요합니다. 목회자로서 살아가는 것이 나의 선택이 아니라, 하나님의 부르심이라는 것을 분명하게 해야 합니다. 그러면 중간에 찾아오는 위기는 얼마든지 극복할 수 있습니다.

록펠러는 "어떤 종류의 성공이든 인내보다 더 필수적인 자질은 없다"라고 말합니다. 인내가 천성까지도 극복하게 한다고 합니다. 성공 뒤에는 반드시 인내가 수반된다는 것입니다. 이런 면에서 인내의 훈련, 멘탈을 강화하는 훈련이 필요하다고 생각합니다.

대담자 구체적인 훈련법에 대해서 조언해 주실 수 있으신가요?

류승동 목사 포기하고 싶은 유혹이 찾아올 때 두 가지를 기억해야 합니다. 첫째는 **"기회는 생각지 않는 모습으로 우리에게 찾아온다"**입니다. 둘째는 **"가족을 비롯한 사랑하는 사람들의 얼굴을 늘 기억하라"**입니다. 이것들이 포기하고 싶은 마음을 이길 수 있도록 힘이 될 것입니다.

죽고 싶을 때

김일환 전도사 포기하고 싶을 때, "멘탈을 강화하라"는 이야기와 "사랑하는 사람들을 생각하며 기회를 기다리라"는 이야기가 인상적이었습니다. 정말 필요한 이야기라고 생각됩니다.

그런데 이번에는 조금 더 자극적인 질문을 드리겠습니다. "너무 힘들어서 죽고 싶다는 마음이 드는 목회자 어떻게 해야 할까요?"입니다. 이 질문을 생각하면서 두 가지 마음이 들었습니다. 첫째는 목회자의 역량 부족으로 인한 좌절감이 죽고 싶다는 마음이 드는 원인일 수 있다는 것입니다. 둘째는 목회자의 죄의 영역입니다. 목회자로서 가지 말아야 할 곳에 다니다 걸리거나, 하지 말아야 할 일을 하다가 걸려 수치스러워 죽고 싶은 감정이 들 수도 있다는 생각입니다. 죽고 싶다는 마음이 들 때 어떻게 해야 할까요?

류승동 목사 믿음이 있어도 외롭고 고통스러워 죽고 싶다고 생각할 수 있습니다. 갈멜산에서 바알과 아세라 선지자 850명과 대결하여 승리했던 엘리야도 그랬습니다. 큰 승리를 거두고 가뭄을 해갈하는 비도 오게 했지만, 이세벨의 복수가 두려워 광야로 도망치다 탈진해 "여호와여 넉넉하오니 지금 내 생명을 거두시옵소서"라고 기도했습니다. 의인 중의 의인이라고 하는 욥도 시험을 당할 때, 태어남을 후회하며 "차라리 죽는 것이 낫다"는 말도 했습니다.

이처럼 죽음을 생각한다는 것은 힘들고 외롭다는 것을 반증하는 것이지, 그 자체를 정죄해야 할 일은 아닙니다. 실제로 엘리야나 욥도 그 심정을 부인하지 않고, 하나님 앞에 솔직하게 고백하며 위기를 극복했습니다. 새로운 길이 열렸습니다. 이들을 생각하며 죽고 싶은 마음을 이겨냈으면 좋겠습니다.

아마존의 창립자 제프 베이조스가 "최소화 법칙"이란 말을 했습니다. 누구나 후회할 일을 하는데, 이것을 최소화하는 것이 지혜로운 인생이라는 것입니다. 목회자도 어렵고 힘들 때, 최소화 법칙을 생각하면 좋겠습니다.

또한 "모든 불행은 두 개의 방향이 있다"는 말이 있습니다. 하나는 불행하다고 느끼며 잘못된 방향으로 끌어갑니다. 다른 하나는 이전보다 한 단계 도약할 수 있는 방향으로 끌어갑니다. 이 중 도약하는 방향을 선택하는 목회자가 되면 좋겠다는 바람이 있습니다.

대담자 제프 베이조스의 "최소화 법칙"은 참 좋은 깨달음을 줍니다. 그런데 절망 가운데 일어날 수 없을 정도로 낙담한 사람들도 적지 않습니다. 뛰어난 자질을 가졌음에도 교회와 동료 목회자들에게 상처를 받아 "다시는 목회를 안 하겠다. 아니 못 하겠다"라고 하는 이도 있습니다. 이처럼 상처로 인해 수치감이 들 때는 어떻게 해야 할까요?

류승동 목사 마음을 바꿔 보라고 말씀드리고 싶습니다. 상처를 주고 괴롭게 하는 환경이라고 생각하지 말고, 나에게 격려와 위로를 주는 환경이라고 생각하는 거죠. 나의 존재 가치를 인정해 주는 요소를 찾아보면 좋겠습니다.

대담자 자기개발에 대한 이야기를 나눌 때, 할 수 없는 일이라고 하더라도 담임 목사님의 말씀에 순종하는 것이 나의 유익이 된다는 말씀과 비슷한 맥락으로 볼 수 있겠네요. "한계가 오더라도 다시 일어날 수 있는 좋은 힘이 있다."

류승동 목사 **"주께서 인생으로 고생하게 하시며 근심하게 하심은 본심이 아니시로다"**(애 3:33)라는 말씀이 있습니다. 우리가 고생하고 근심하게 하는 것이 하나님의 뜻이 아니라는 것입니다. 그렇기에 하나님의 본심이 무엇인지 찾아보는 노력이 필요하다고 생각합니다.

대담자 신학교 시절이나 목회하는 가운데 죽고 싶을 정도로 괴로웠던 경험이 있으신가요?

류승동 목사 사역하던 교회에서 마음이 편하지 않아서 임지를 옮기려고 생각해본 적이 있습니다. 그런데 며칠 지나지 않아 '여기에서 이런 것도 이겨내지 못하면 다른 곳으로 가도 똑같을 것 같다'라는 생각을 하게 되었습니다. 그리고는 '이곳에서 다시 도전하자'라는 마음을 갖게 된 적이 있습니다.

대담자 지금의 환경을 극복하지 못하면, 다른 사역지도 극복할 수 없다는 말씀이신 거죠?

류승동 목사 환경의 차이는 있겠지만, 저의 경험으로 볼 때는
그랬다는 것입니다.

신학 공부가 모자랄 때

김일환 전도사 이제 목회자 개인의 힘듦 영역 가운데, 마지막 영역에 대해 질문할 차례입니다. 신학 공부가 모자랄 때 어떻게 해야 하는지 여쭤보고 싶습니다. 목회자의 신학 공부는 무엇보다 중요한 영역인데요, 아무리 공부해도 부족하고 모자란다고 느낄 때 어떻게 해야 하는지 조언해 주시면 좋을 것 같습니다.

류승동 목사 저는 "평생 교육"이라는 단어를 좋아합니다. 모든 사람이 평생 배워야 한다고 생각합니다. 특히 목회자는 신학적 기반이 튼튼해야 합니다. 기초가 건실해야 오래 갈 수 있기 때문입니다.

목회가 마라톤과 같습니다. 마라톤 완주를 하기 위해서 체력이 있어야 하는 것처럼, 목회를 위해서는 신학 공부가 있어야 합니다. 이를 위해서 신학교 석박사 과정을 더 하거나, 여의치 않다면 중요한 서적을 선별하여 정독하거나, 온라인 강의를 듣는 것도 필요하다고 생각합니다. 이처럼 목회를 내려놓는 순간까지 학습자의 자세와 태도를 유지하는 것이 필요합니다.

대담자 목사님! 지금도 공부를 하시나요?

류승동 목사 그렇습니다. 이론적 배움뿐 아니라, 현장의 경험과 체험을 위한 배움도 놓치지 않으려고 시간을 할애하고 있습니다.

대담자 목사님! 신학 공부가 모자라면 목회하기가 어려운 것이 사실인거죠?

류승동 목사 신학 기반이 미흡하면, 밑천이 딸린다는 것을 절감할 수밖에 없습니다. 설교도 신학적 기반이 충분히 갖추어져야 할 수 있고, 목회적인 문제도 신학적 기반 위에서 해결해야 하기 때문입니다. 그렇기에 목회자로서 주신 사명을 잘 감당하고, 교회를 잘 이끌어가기 위해서 신학 공부는 필수적입니다.

대담자 목사님의 목회에 영향을 준 멘토를 소개해 주실 수 있으신가요?

류승동 목사 부목사로 섬기던 교회의 담임 목사님이셨던 고 (故) 김용칠 목사님을 멘토라고 생각했습니다. 교회와 성도를 사랑하는 마음이나, 목회자로서의 자세에 대해 목사님에게 소중한 것들을 배웠습니다.

설교에 있어서는 이동원 목사님의 설교를 많이 듣고, 읽었습니다. 또한 직접 뵙지는 못했지만, 교단의 유명한 부흥사 이성봉 목사님의 설교와 이야기를 들으며 배움의 시간을 가지고 있습니다.

또한 가까이에서 교제하는 동역자들을 통해서도 많은 것을 배우고, 느끼고 있습니다. 이런 분들이 있었기 때문에 부족하지만 목회자의 한 사람으로 걸어갈 수 있다고 생각합니다.

대담자 후배 신학생, 목회자들에게도 멘토를 찾으라고 추천하시는 거죠?

류승동 목사 저는 필요하다고 생각합니다.

대담자 제가 후배들에게 목사님을 추천해도 될까요?

류승동 목사 멘토라기 보다는 동역자로서 대화를 나눈다면 얼마든지 환영합니다. 맛있는 밥도 대접하겠습니다.(웃음)

우스갯소리지만 총회 교육원장을 하면서 전도사 교육을 할 때마다 "전주에서 목회하고 있는데, 전주에 와서 연락하면 제가 타지에 있지 않는 한 비빔밥을 대접하겠습니다"라고 말했습니다. 그런데 전주 와서 전화한 사람이 단 한 명밖에 없었습니다.

제 말을 의례적인 말로 들은 것인지, 아니면 잘 모르는 목사님에게 전화하는 것이 부담스러워 그런 것인지 모르지만, 조금 더 적극적인 자세를 취하는 것도 좋다고 생각합니다.

대담자 목사님 찾아 비빔밥 먹는 후배가 좀 더 많아지면 좋겠습니다.

2

목회자의 '사역'의 힘듦에 관하여

<질문 키워드>

사역자 선정이 힘들 때 / 사역이 힘들 때 / 특기가 없을 때 / 설교가 힘들 때 /

부흥이 안 될 때

사역지 선정이 힘들 때/ 사역이 힘들 때

김일환 전도사 목회자의 힘듦에는 개인의 영역도 있지만, 사역에 대한 부분도 있습니다. 그래서 사역적인 부분에 있어서 힘든 부분을 여쭤보려고 합니다. 허심탄회하게 이야기 해 주시면 좋겠습니다.

먼저 사역지 선정에 관한 부분에 대해 질문하겠습니다. 많은 목회자가 사역지 선정을 어려워합니다. 원하는 목회를 할 수 있는 사역지를 찾기 쉽지 않고, 지방이나 힘들다고 하는 곳은 회피하고 싶은 마음도 있습니다. 사례비나 자녀 교육 환경 등으로 인해 어쩔 수 없이 사역지를 선택해야 하는 경우도 있습니다. 이러한 사역적 생태계를 이해해야 하는 건지, 극복해야 하는 건지 궁금합니다.

류승동 목사 사역지를 교회로만 국한해서 생각하는 것은 지양해야 합니다. 다원화된 사회 속에서 목회자의 사역지도 다양합니다. 선교에 대한 부르심을 느끼는 분이면 선교지가 사역지가 될 것입니다. 특수 영역에서 부르심을 받은 사람은 그 영역에서 얼마든지 사역할 수 있습니다.

한편으로 최근 목회자들은 쏟아져 나오고 있는데, 교회는 한정적이어서 사역지를 찾기 어려운 것도 현실입니다. 이로 말미암아 이중직, 특수 목회와 같은 다양한 시도가 있습니다. 이런 때일수록 교단 차원에서 젊은 목회자들이 나름대로 사역지를 만들 수 있도록 도와야 합니다. 그들이 새롭고 특수한 영역에서 사역을 잘 할 수 있도록 교육하고 훈련해야 할 필요가 있습니다. 또한 후배 목회자들도 사역지를 더 넓게 보면 좋겠습니다.

대담자 "온 세계가 나의 교구"라고 말하는 웨슬리와 같은 맥락에서 이해할 수 있겠네요?

류승동 목사 "온 세계가 ○○교회의 교구다"라는 표어를 종종 봅니다. 지역을 넘어 전 세계에 복음을 전하겠다는 의미로 사용하는 것입니다. 실제로 웨슬리는 기득권을 내려놓고, 말을 타고 다니면서 자유롭게 복음을 전했습니다. 발길이 닿는 모든 곳이 자기가 목회할 수 있는 영역이라고 믿었습니다.

이런 면에서 사회의 그늘진 곳, 사각지대에서 특수한 목회를 할 수 있어야 한다고 생각합니다. 요나서에 기록된 것처럼, 하나님은 니느웨 백성도 구원하기 원하시는 분임을 기억해야 합니다.

대담자 신학교에 다니면서 사역지를 찾을 때, 두 가지 기준이 있는 것 같습니다. 첫째는 '이 교회에서 무엇을 배울 수 있는가?'입니다. 둘째는 '이 교회는 나에게 무엇을 제공할 것인가?'입니다. 이처럼 배움과 제공의 차원에서 사역지를 찾는 신학생들을 위해 조언해 주십시오.

류승동 목사 우리 세대는 선배 세대로부터 **"가장 먼저 오라는 사역지가 주님의 부르신 곳이다"**라는 조언을 들었습니다. 실제로 가장 먼저 오라고 하는 곳에 가는 것을 당연한 것으로 여겼습니다. 저 역시도 그렇게 임지를 옮겼습니다.

한편 목회자의 길을 들어선 사람이 배울 수 있는 사역지를 찾는다는 것은 너무 당연합니다. 이는 권장할만한 일입니다. 하지만 두 번째 기준인 "교회에서 무엇을 제공할 것인가?"에 대해서는 아쉬운 마음도 듭니다. 또한 차량 운전을 해야 하는지, 새벽 기도에는 반드시 참석해야 하는지 등을 물으며, 이를 중요한 조건으로 고려하는 분들도 적지 않습니다. 무엇을 진정 얻기 원한다면 내려놓고, 포기하고, 양보할 결단도 필요합니다. 조건만 보고 사역지를 선정하다보면 정말 중요한 것을 놓칠 수 있음을 기억해야 합니다.

대담자 사역자로서의 정체성을 생각하면서, 포기하고 받아들여야 할 부분은 받아들이고, 교회에 헌신하면서 배울 수 있는 부분에 대해서 더 찾아보자고 말씀하시는 거죠?

류승동 목사 그렇습니다. 한번은 부목사님을 청빙할 때, 이런 일이 있었습니다. 그분과 면담을 하면서 서로 궁금해 하는 것에 대해 묻고 답했습니다. 이후 그분이 "하루만 말미를 주시면 답을 하겠습니다"라고 해서, 그렇게 하라고 했습니다. 다음날에는 "가겠습니다"라고 답을 들었습니다. 하여 바로 다음 주일에 임시당회를 통해 청빙을 결의했습니다.

그런데 그 주일 오후에 그분에게 다시 연락이 왔습니다. "새벽기도회 차량 운행을 해야 합니까?" 저는 "우리 교회 사정상 부목사님도 새벽기도회 차량 운행을 해야 합니다"라고 답했습니다. 그러자 그분은 "그러면 저는 못 가겠습니다"라고 했습니다.

그분의 선택이니까 어쩔 수 없다고 하면서, 한 마디 했습니다. "정확한 통계는 아니지만 한국 교회 70% 이상은 담임목사도 새벽기도회 차량운행을 하고 인도합니다." 어떻게 생각하고 결정하든 그분의 몫이지만, 안타까운 마음에 이러한 이야기를 한 것입니다.

대담자 몹시 쓸쓸하셨겠네요.

류승동 목사 쓸쓸한 것도 있지만, 당회에 이 상황을 어떻게 설명해야 할지 고민했습니다. 목사가 새벽기도회 차량 운행이 힘들어서 못 오겠다고 말하기에는 너무 민망했습니다. 그래서 그분이 갑작스럽게 사정이 생겨 못 오게 되었다는 말만 했습니다.

대담자 며칠 전, 한 목사님으로부터 "선배 목사님들께 배울 때, 목사의 최우선 순위는 하나님이고, 그 다음이 교회, 마지막이 가정이었습니다. 하나님 중심, 교회 중심이어야 한다는 말씀이었습니다. 하지만 최근 젊은 목사님들은 가정을 교회보다 더 우선하는 것 같습니다. 가정이 평안해야 교회가 평안하다는 것입니다. 그런데 이것이 정말 맞는 말인지는 모르겠습니다"라는 말씀을 들었습니다. 부목사님들이 가족 때문에 사역을 못 한다는 말을 너무 많이 들어서 하신 말씀입니다. 이에 대해서는 어떻게 생각하시나요?

류승동 목사 교회와 가정, 가정과 교회가 양립해야 합니다. 하지만 현실적으로 그것이 쉽지만은 않습니다. 저의 경우에도 교회가 우선이었습니다. 자녀들이 상처받을 수 있는 구조였는데, 이를 보완하기 위해 "목사 자녀니까"라는 말을 의도적으로 하지 않습니다. 목사의 자녀이기에 갖는 책임감이나, 부담감을 조금이나마 덜어주고 싶었기 때문입니다.

대담자 목사님의 개인적인 부분에 대해 몇 가지 여쭤보고 싶은 것이 있습니다. 경상도 억양을 가지고 전주에서 어떻게 사역하시는지 궁금합니다. 원래 경상도에서 사역하셨나요?

류승동 목사 대학 졸업할 때까지 경남 진주에서 자랐습니다. 이후 신대원을 가면서 진주를 떠나 전라북도 전주에서 사역했습니다. 계산해보면 33년 정도 됩니다.

대담자 경상도 출신 사역자라는 이유로, 지난 33년 동안 전주에서의 사역이 힘들지 않으셨나요?

류승동 목사 물리적 고향은 진주가 맞지만, 전주 역시 고향이라고 생각할 만큼 정이 많이 들었습니다. 실제로 전주를 생각하면 고향처럼 포근한 느낌이 듭니다. 뿐만 아니라 저의 자녀들도 전주에서 태어나 자랐습니다. 그래서인지 지역적 차별이나 편견에 대해 느껴본 적이 그다지 없습니다.

대담자 사역을 엄청나게 잘하신 것 같습니다.

류승동 목사 잘 했다기보다, 주어진 역할에 최선을 다하려고 노력했습니다.

대담자 전주 태평교회에서 5년간 부교역자 섬기다가, 같은 지역에 있는 남원성결교회 담임 목사로 청빙을 받으셨습니다. 제가 어설프게 알기로는 부목사가 같은 지방회 담임 목사로 가는 것이 쉽지 않은 것으로 알고 있는데요?

류승동 목사 지역마다 다릅니다. 교회나 목회자마다 다를 수 있습니다.

대담자 다른 목사님들과 관계가 좋으셨던 것은 아닌가요?

류승동 목사 가능하면 다른 사람의 주장을 이해하고 수용하려고 하는 편입니다. 경상도 출신이라서 자제하는 측면도 있습니다. 제 주장을 먼저 말하지 않고, 특별히 문제가 되지 않으면 다른 사람이 하자는 대로 따르는 자세를 취했습니다.

대담자 "오해받을 때, 참고 기다리라. 기도하면서 그것이 이

해되는 시간까지 기다렸다가 대화로 풀라"고 하셨던 것과 비슷한 맥락이네요. 자기의 주장을 먼저 말하지 말고, 상대방의 이야기부터 경청하라는 것이요.

류승동 목사 "인내는 쓰다. 그러나 그 열매는 달다"는 속담이 있습니다.

대담자 지금 섬기시는 인후동교회 역시 전주지방회 소속입니다. 참 특이하다는 생각도 듭니다. 계속 같은 지방회 안에서 청빙을 받았다는 점에서요.

류승동 목사 사실 인후동교회 청빙과정에서 위기가 있기는 했습니다. 담임 목사님이 추천하셔서 후보자에 올랐는데, 그 이유로 당회에서 저를 열외로 한 것입니다.

대담자 스페셜이 아니라 엑스트라였던 건가요?

류승동 목사 그렇습니다. 목회지에서 문제가 있었다거나, 교회를 떠나야 할 상황이 있었던 것도 아니었기에 마음을 비우고 있었습니다. 그런데 하나님의 은혜로 당회가 마음을 바꿔 저를 청빙하기로 결의했습니다.

대담자 사역지 선정에 있어 몇 가지 더 여쭤보겠습니다. 목회자들이 사역지를 선정할 때, 제가 생각하는 기준은 "배울 만한 교회가 있는가? 교회가 나에게 무엇을 제공하는가?"였습니다. 그런데 목사님은 이와는 다른 토대로 "우리는 먼저 청빙 받은 곳에 가야한다"고 말씀하셨습니다. 이것이 지금도 유효하다고 생각하시나요? 또한 후배 사역자들에게도 똑같이 추천하시나요?

류승동 목사 라떼 목사라고 할지 모르지만, 그렇게 하는 것이 목회자의 기본자세라고 생각합니다.

대담자 저도 존경하는 목사님께 비슷한 배움을 받았습니다. "이기적으로 사역지 선택하지 말고, 불러주는 교회에 먼저 가서 배우라." 이 말씀 때문에 서울에 살면서 군산에서 3년간 사역을 하게 되었습니다. 군산에 있는 교회가 청빙해서 계산하지 않고 간 것입니다. 그 열매로 결혼도 했습니다(웃음).

그런데 사역지 선정에 있어 어떤 시스템이 교단 안에 있으면 좋겠다는 생각도 합니다. 교회의 요구에 맞춰 청빙하는 시스템이 신학교에 연계되어도 좋겠다는 생각도 해 봅니다.

류승동 목사 결혼상담소에서 미혼 남녀를 연결하는 것처럼, 임지상담소 하나 만들어 목회자들에게 도움을 주면 좋겠다는 이야기를 들은 적이 있습니다.

대담자 헤드헌터처럼, 그 사람의 성향과 특징을 보고 임지를 연결하면 좋을 것 같습니다. 실수를 줄이고, 훨씬 더 정확하게 임지를 결정할 수 있다고 생각합니다.

특기가 없을 때

김일환 전도사 목회자들은 보통 파트 사역부터 시작합니다. 교육 전도사라고 합니다. 그 다음 전담 전도사가 되고, 부목사가 됩니다. 이것이 담임 목사가 되기까지 순서입니다. 이 동안 목회적 역량, 달란트가 개발되어야 합니다. 누구에게는 찬양 인도일 수 있고, 전도일 수도 있고, 설교일 수도 있습니다. 교회 행정일 수도 있습니다. 영상과 음향일 수도 있습니다. 그런데 이러한 특기가 없고 개발도 되지 않는 사역자도 있습니다. 이들은 어떻게 해야 할까요?

류승동 목사 전문적 분야가 있다는 것은 분명 목회자에게 메

리트가 됩니다. 임지 청빙에도 유익한 요소로 작용합니다. 그러나 **목회자에게는 특기보다는 인격, 영성이 더 중요하다고 생각합니다.** 능력이 특출해서 교회의 사역에 도움을 줄 수 있지만, 인격과 영성이 준비되지 않은 특기는 교만이나 관계적인 문제를 발생시켜 걸림돌이 될 수도 있습니다.

대담자 목회자들이 꼭 귀담아 들어야 할 말씀입니다.

류승동 목사 "목사 이전에 사람이 되어야 한다." 이 말을 언제나 새깁니다. 실제로 특출한 능력을 요하는 사역은 점차 제한적이 됩니다. 50~60대가 되어서도 그 일만 할 수는 없기 때문입니다. 또한 특기가 목회자에게 유리하게 작용되기도 하지만, 그것이 목회자의 정체성을 규정하는 것은 절대로 아닙니다. 저에게도 "이것이 특기입니다"라고 자랑할 만한 것이 없지만, 그것이 목회하는데 문제가 되지는 않았습니다.

대담자 제 생각으로는 목사님의 유머가 굉장히 특별합니다.

류승동 목사 유머가 사람들과 관계를 부드럽게 하는 역할을 하지만 목회에 그다지 도움이 된다고 생각하지는 않습니다. 이런 것은 없어도 목회를 어렵게 하지 않습니다. 이런 것보다는 영성이 더 중요하다고 생각합니다.

대담자 특별한 능력보다는 영성에 집중하고 성장하는 목회자가 더 좋은 목회자가 될 수 있다고 말씀하시는 거죠?

류승동 목사 기본은 인격이고, 그 위에 말씀과 기도가 필요합니다.

대담자 가장 기본적인 것이 큰 힘이 된다는 거네요. 인후동교회 부교역자나 후배 교역자들과 함께 하실 때도 이런 부분이 크게 보이시겠네요.

류승동 목사 부교역자들에게 절대로 능력에 대해 말하지 않습니다. 능력을 언급하면 의기소침할 수도 있고, '목사님이 나를 원하지 않는구나'라고 생각할 수도 있기 때문입니다. 대신 제가 강조하는 것은 화목입니다. 교역자 간 갈등이 있으면 담임 목사가 불안할 수밖에 없습니다. 담임 목사가 안심하고 사역을 맡기려면 교역자들이 한 팀을 이루어야 합니다.

이는 당회나 교회 성도들에게도 강조하는 부분입니다. 예수님이 십자가를 지시기 전, 교회를 위해 핵심적으로 중보하신 것도 "주여 저희로 하나가 되게 하옵소서"입니다. 교회의 생명은 하나 됨에서 나옵니다. 그래서 교회 내에서 사적 모임을 금지하고, 공개적인 것, 누구나 참여할 수 있는 모임만 허락했습니다. 교회가 하나 되는 것만큼 소중한 것이 없기 때문입니다.

교역자들도 마찬가지입니다. 한 팀이 되기 위해서 특기보다는 인격과 영성이 더 준비되어야 합니다.

대담자 특기가 없어도 되는군요.

류승동 목사 특기가 없는 분들 염려하지 말고, 우리 교회로 오십시오.(큰 웃음)

대담자 현대적 가르침과 반대되는 이야기를 하신 것 같습니다. 그런데 그것이 더 용기가 나는 이야기가 되는 것 같습니다.

설교가 힘들 때

김일환 전도사   이제 다른 주제에 대해 여쭤보겠습니다. 모든 목회자에게 설교는 결코 쉽지 않은 영역입니다. "설교는 영원한 이국의 언어다"라는 말이 있을 정도니까요. 설교를 잘하는 분도 있지만, 아무리 노력해도 잘되지 않는 분도 있습니다. 설교 시간만 되면 말을 더듬는 분도 있고, 신체적으로 발음에 어려움을 겪는 분도 있습니다. 이처럼 설교가 안 될 때, 뛰어넘어야 할 한계가 있을 때 어떻게 해야 할까요?

류승동 목사   먼저 말씀 사역에 대해 정의를 하자면, 성경 공부, 묵상 훈련, 선포된 말씀인 설교일수도 있습니다. 그런데 말씀 사역이 무엇인가에 대한 정의보다 중요한 것은 말씀 사역이 목회자의 핵심 사역이라는 것입니다.

목회자는 말씀 사역을 위해 부름 받았다고 해도 과언이 아닙니다. 실제로 개신교 예배에서 가장 중요한 비중을 차지하는 것도 설교입니다. 그래서 목회자는 설교할 때 가장 행복하고 신이 나야 합니다. 설교가 신바람 나는 사역이어야 합니다. 이런 이유로 목회자는 무엇보다 말씀의 헌신자가 되어야 한다고 생각합니다.

대담자 그렇게 중요한 설교가 힘든 목회자들이 있습니다. 이들이 설교의 어려움을 극복하려면 어떻게 해야 할까요?

류승동 목사 설교는 종합 예술입니다. 설교의 내용도 중요하고, 전달력도 중요합니다. 땅에 있는 성도들에게 하늘의 언어를 전하는 통로이기 때문입니다. 그래서 설교는 강의와는 달라야 합니다.

"**설교자의 인격을 매개로 하나님의 말씀이 선포되는 것이 설교다**"라는 말이 있습니다. 설교자의 인격이 설교의 중요한 요인이 된다는 것입니다. 예를 들어 설교자의 일상이 성도들에게 인정받지 못하면, 아무리 유창한 설교라고 하더라도 어떠한 감동과 변화도 이끌어 낼 수 없습니다. 반대의 경우도 분명 있습니다. 평범한 내용, 평범한 전달력이라고 하더라도 목회자의 인격이 뒷받침되면 부족한 부분을 커버할 수 있습니다.

대담자 설교에서 무엇보다 중요한 것은 목회자의 인격이라고 보시는 거죠?

류승동 목사 그렇습니다. **설교의 베이스는 설교자의 인격입니다. 설교자의 인격이 의심받는 상황에서는 설교자의 권위도 주어질 수 없습니다.** 처음 교회를 다녔을 때, 목사님이 북한에서 내려오신 분이었습니다. 굉장히 빠르게 말씀하시는데 발음은 불분명했습니다. 그분의 설교를 처음 들을 때는 전혀 알아들을 수 없었습니다. 그런데 시간이 지나고 적응이 되면서 큰 은혜를 받았습니다. 그분의 삶이 존경스럽다고 생각했기 때문입니다.

하지만 아무리 설교자의 인격이 중요하다고 해도, 설교를 위한 노력도 필요합니다. 전달력이 부족하거나 발음이 부정확하면 스피치 학원에 가서 훈련을 받는 것도 필요합니다. 꼭 같은 예는 아니지만, 음치인 집사님이 찬양대 봉사를 하고 싶어서, 음치 클리닉을 받고 헌신하고 있습니다. 이와 마찬가지로 설교자들도 하나님의 말씀을 잘 전하려는 훈련과 노력은 계속해야 합니다.

대담자 목사님 정말 노력하면 설교가 나아질 수 있을까요?

류승동 목사 어느 정도 나아질 수 있습니다. 하지만 아무리 노력해도 나아지지 않는 경우에는 포기하지 말고, 다른 사역을 찾아볼 수도 있습니다. 어려운 분들을 위해 헌신 봉사 하거나 좀 더 특수한 형태의 목회지를 찾아 계속 사명을 감당할 수 있다고 생각합니다.

대담자 도발적인 질문을 드리고 싶습니다. 목사님은 설교를 잘한다고 생각하시나요?

류승동 목사 이 질문에는 다음과 같이 대답하겠습니다. 저는 설교하는 시간이 제일 행복하다고 생각합니다.

대담자 이 질문을 드린 이유는, 많은 설교자가 자신의 설교에 대해 자괴감을 가지고 있다는 이야기를 들었기 때문입니다.

실제로 지금은 교인들이 더 이상 담임 목사의 설교를 자랑하지 못하는 시대라고 합니다. 〈뉴스앤조이〉에 의하면, 지금 성도들은 교회를 자랑할 때, "우리 교회 목사님 설교가 좋아. 한번 같이 가보자"라는 말이 아니라, "우리 교회 교육 시스템이 잘 되어 있어", "우리 교회 주차장이 좋아", "우리 교회 쾌적해"라는 말을 한다고 합니다.

류승동 목사 대담을 마치고, 우리 교회 교인들에게도 물어보고 싶네요. 무엇을 자랑하고 싶은지...

홍정표 목사 설교를 잘 한다는 의미는, 내용과 전달력이 좋다는 것도 있지만 교회 공동체에 필요한 말씀을 잘 대언한다는 의미도 있습니다. 다른 교회 성도들은 은혜를 받지 못해도, 우리 교회 성도들에게 은혜가 되면 좋은 설교라고 생각합니다. 설교와 목회라는 측면에서 어떻게 생각하시나요?

류승동 목사 당연합니다. 설교는 진공 상태에서 하는 것이 아니고, 대상이 분명히 있습니다. 교회 공동체와 성도들을 대상으로 하는 것입니다. 이를 무시한 설교는 설교가 아니라고 생각합니다.

그런 면에서 성도들의 귀에 들리는 설교가 중요하다고 생각합니다. 그러려면 전하고자 하는 메시지를 우왕좌왕하지 않고, 분명하게 전해야 합니다. 메시지가 선명해야 성도들에게 들리기 때문입니다. 설교를 준비할 때마다 이를 중점적으로 생각합니다.

대담자 그러면 설교를 준비할 때, 특별히 신경을 써야 하는 영역은 무엇인가요?

류승동 목사 오래된 말이지만 설교자에게는 삼방이 필요하다는 말이 있습니다. **골방, 책방, 심방**입니다. **골방은 기도, 책방은 성경, 심방은 교인들의 삶의 현장**을 의미합니다. 이 모든 것을 두루 준비해야 합니다.

저는 이중에서도 책방에 좀 더 비중을 둡니다. 성경의 본문에서 벗어나지 않는 설교가 좋은 설교라고 생각합니다. 본문에 대한 충분한 관찰, 해석을 바탕으로 적용을 어떻게 해야 하는지 명확하게 전하려고 애씁니다.

대담자 설교를 못 하는 목회자의 특징이 있을까요?

류승동 목사 설교를 잘하고 못하느냐의 평가를 할 수 있는지 의문입니다. 대신 설교할 때 힘든 점이 무엇인지 생각해 보면 좋겠습니다.

대담자 홍정표 목사님께 여쭤볼게요. 목사님은 설교 준비를 할 때 어떤 부분이 가장 어려우신가요?

홍정표 목사 하나님이 우리 공동체에 주시는 말씀인가? 이것이 우리 공동체에 필요한 말씀인가? 이 부분이 고민이 많이 됩니다. 본문도 이를 기준으로 해서 정합니다.

대담자 설교학도 발달했고, 설교를 작성하는 기술도 탁월해졌다고 하는데, 설교에 은혜를 받는 성도가 줄어든다고 합니다. "우리 목사님이 설교를 잘 한다고 생각하느냐?"는 질문에 30%정도만 그렇다고 답했다고 합니다. 이에 대해서는 어떻게 생각하시나요?

류승동 목사 설교자의 인격 때문이라고 생각합니다. 예를 들면 교인들이 '우리 목사님은 돈을 너무 좋아해'라고 인식하면, 목사님의 설교를 돈이라는 색안경을 끼고 듣게 됩니다. 그러면 목사님의 설교가 들리지 않고, 들으려고 하지 않게 됩니다.

또한 설교 기술이나 방법론보다 **"설교자가 얼마나 메시지를 위해서 기도하느냐?, 성령이 역사하시느냐? 설교자의 인격이 신뢰를 주고 있느냐?"**가 더 중요하다고 생각합니다. 이것 없이는 설교를 논할 수도 없고, 어떠한 변화도 일으킬 수 없다고 생각합니다.

3

목회자의 '비전'의 힘듦

<질문 키워드>

하나님 뜻이 보이지 않을 때 / 앞날이 보이지 않을 때 / 현실과 이상이 다를 때 /

기도가 안 될 때 / 영성이 개발이 되지 않을 때

하나님 뜻이 보이지 않을 때

김일환 전도사 지금부터는 목회자 비전의 힘듦에 대해서 여쭤 보려고 합니다. 이에 대해서 고민하는데 다음과 같은 생각이 들었습니다. 맡은 교회, 맡은 사역이 부흥되지 않고, 어려움을 겪을 때, 목회자들이 처음으로 어려움을 겪는 것 같습니다. 현실과 이상의 다름을 경험하면서 앞날에 대한 걱정과 염려로 기도조차 나오지 않습니다. 당연히 하나님의 뜻도 보이지 않습니다. 목사님은 혹시 이런 적 있으셨습니까? 사역하면서 부흥을 맛보지 못하고 실망하신 적 있으신가요?

류승동 목사 두 곳에서 단독 목회를 하면서 질적, 양적 부흥은 분명히 있었습니다. 하지만 이를 완벽하다고 생각하지는 않습니다. 미흡한 면이 있다고 생각합니다.

특별히 두 교회 중 남원에서 목회할 때가 조금 더 어려웠습니다. 그 지역에 유일한 성결교회였습니다. 당시 남원에는 통합 측 교회가 주류를 이루었는데, 분위기가 많이 다른 남원 성결교회를 보면서, "성결교회가 이단이다"라는 이야기를 하는 분들이 적지 않았습니다. 그래서 양적 성장을 이루어 가는 데 어려움이 있었습니다.

그래서 지역 사회에 남원성결교회가 좋은 이미지를 가질 수 있도록 노력했습니다. 교회를 건축할 때는 남원 지역의 특성을 살려 통나무 교회를 만들었습니다. 이로 인해 많은 관심이 집중되었고 성결교회가 이단이 아닌 것을 확실하게 보여주는 역할을 했습니다.

대담자 겸손하게 말씀하셨지만, 지금까지 목회지마다 부흥을 하셨던 거네요. 저는 이것이 하나의 지표가 된다고 생각합니다. 부흥을 했기에 목사님이 조금 더 비전을 향해 나아갈 수 있었다고 감히 생각합니다. 부흥에 목표를 두어야 할 부분이 분명히 있다고 여깁니다.

하지만 부흥이 안 되는 분들도 있습니다. 정말 열심히 해도 안 되는 분들이 있고, 훌륭한 자질을 가졌음에도 안 되는 분들이 있습니다. 이런 분들을 위해 조언을 한다면, 어떻게 하실까요?

류승동 목사　참 어려운 질문입니다. 부흥은 목회자의 노력과 열심으로만 되는 것은 아닙니다. 그것이 부흥의 요소가 되는 것은 분명하지만, 전부는 아닙니다.

부흥은 분명 하나님이 주시는 것입니다. 그러므로 하나님을 만나야 합니다. 은혜를 허락하시는 하나님의 때를 기다려야 합니다. 그 때를 앞당겨 달라고 기도하며 기다리는 것이 필요합니다.

대담자　목회하면서 특별히 잘못하지 않았고, 열심히 했는데도 불구하고 힘든 목회자들도 있습니다. 특별히 한국 교회 다음세대 사역자들의 경우, 과거에 비해 정말 힘들고 어렵습니다. 아이들도 많지 않은데다가, 학교 앞 전도도 쉽지 않은 상황은 더욱 지치게 합니다. 이들을 위해 현실적인 조언을 해 주실 것은 없을까요? 부흥을 위해 이들은 무엇을 도모해야 할까요?

류승동 목사 부흥이 안 되는 요인은 다양합니다. "열심히 했는데 안 되더라"고 단순하게 말할 수 있는 부분은 아닙니다.

교회학교의 경우, 분명 아동 인구의 현저한 감소, 아이들의 흥미를 끌 많은 요소의 등장으로 인해 교회에 대한 관심이 현저히 떨어졌습니다. 캐릭터 탈을 쓰고 북치며 골목 행진만 해도 우르르 교회에 모여들었던 과거와는 다릅니다.

하지만 이러한 시대라고 하더라도 교회학교가 부흥하는 경우가 없는 것은 아닙니다. 분명 부흥하는 교회가 있습니다. 개척교회도 마찬가지입니다. 문을 닫는 교회가 매년 수 백 개가 넘는다고 합니다. 그럼에도 불구하고 의미 있는 목회를 하며 부흥하는 교회도 분명 존재합니다. 여기에 대담을 하고 있는 홍정표 목사님이나, 김일환 전도사님의 경우가 여기에 속한다라고 생각합니다.

이렇게 보면 **부흥이 되지 않는 요인을 외부적인 환경, 시대적인 특성으로 한정하는 것에는 문제가 있습니다.** 그보다는 이때도 부흥하는 교회와 부흥하지 않는 교회를 분석하며 자신이 섬기는 교회 부흥에 대한 답을 찾아가는 노력이 필요하다고 생각합니다.

대담자 냉정하고 정확한 말씀입니다. 부흥이 안 되는 요인이 없어도 힘든 경우도 있다고 생각했는데, 연구하고 분석하면 분명 부족한 부분이 있을 수 있겠네요.

그렇다면 이렇게 생각할 수 있을까요? "상황을 탓하지 않고, 계속해서 비전을 추구하며 나아가면 이 시대에도 부흥할 수 있다."

류승동 목사 그렇습니다. 부흥은 하나님이 허락해 주시는 것입니다. 하나님은 어제도 오늘도 내일도 역사하시는 분이기에 이 시대에도 부흥은 얼마든지 가능합니다.

덧붙여 말하자면, 부흥이 되지 않는 것은 목회자 개인의 문제만이 아니라, 토양의 문제일 수도 있습니다. 교회의 전폭적인 관심과 지원이 부족한 결과일 수도 있습니다. 교육부서의 경우 교사들 간의 관계 문제일 수도 있습니다. 또한 목회자 성향과 교회의 토양이 어울리지 않은 경우에도 문제가 될 수 있습니다. 이처럼 다양한 원인이 있을 수 있기에, 그 원인을 분별하고 해결책을 마련할 필요가 있습니다.

대담자 여기에서 안 됐지만, 다른 곳에서는 부흥할 수 있다는 말씀이신 거죠?

류승목 목사 그런 가능성도 있다고 생각합니다.

대담자 쉽게 절망하지 말라는 이야기로 들립니다. 그런데 목사님! 부흥이 안 된다고 바로 교회를 떠나는 것도 문제가 되지 않을까요?

류승동 목사 "떠나라"는 말은 아닙니다. 부흥이 안 되고, 실망하여 교회를 떠나게 되었을 때, '나는 실패했어. 어디를 가도 안 될거야'라는 패배의식을 갖지 말라는 것입니다. 새로운 도전 의식을 가져야 한다는 것입니다.

누가복음 5장에서 베드로는 밤새도록 그물을 던졌지만, 물고기 한 마리 잡지 못했습니다. 그렇게 헛수고한 후 그물을 정리하는데, 예수님이 오셨습니다. 그리고는 배를 띄우고, 그물을 던지라고 명하셨습니다. 베드로가 예수님을 따랐을 때, 똑같은 사람, 똑같은 배, 똑같은 그물, 똑같은 장소였지만 많은 고기를 잡았습니다. 이게 가능하다면 우리도 실패를 딛고 다시 도전해야 한다고 생각합니다.

앞날이 보이지 않을 때

김일환 전도사 목회자의 '비전의 힘듦' 가운데, 두 번째 영역에 대한 질문을 드리고 싶습니다. 목회자로서 앞날이 보이지 않을 때도 있습니다. 이때는 어떻게 해야 할까요?

류승동 목사 성경을 읽을 때, 인물에 대한 관심을 많이 갖는 편입니다. 그중 깊은 감명을 주었던 인물 중 하나가 다니엘이었습니다. 다니엘은 뜻을 정하고 어떤 어려움이 있더라도 굽히지 않고 하나님이 기뻐하시는 삶을 살았습니다. 그때 하나님은 다니엘의 길을 열어주셨습니다.

또한 하나님은 이스라엘 백성이 홍해와 애굽 군대 사이에서 진퇴양난이었을 때는 바다 가운데 길을 내셨습니다. 또한 그들이 하나님의 뜻에 따라 순종하며 나아갔을 때는 난공불락의 여리고 성을 점령하도록 역사하셨습니다. 이처럼 하나님이 기뻐하시는 뜻을 알고, 그 뜻을 붙들면 하나님이 길을 열어주십니다.

대담자　하나님의 기쁘신 뜻을 알고, 붙들려면 어떻게 해야 할까요?

류승동 목사　하나님의 뜻이 보이지 않을 때, 앞날이 막막할 때는 기도해야 합니다. 하나님의 음성을 들을 때까지 기도해야 합니다. 또한 기도하며 받은 하나님의 말씀을 믿고 의지해야 합니다.

예레미야는 하나님의 음성 듣기를 힘썼고, 하나님의 이름을 자랑하고 세우는 일에 관심이 있었습니다. 또한 무엇보다 하나님을 의지했습니다. 예레미야라는 이름도 "하나님이 세우셨다"라는 뜻입니다. 이는 하나님이 그를 세우셨기에 이끄신다는 것을 전제합니다.

마찬가지로 목회자들도 '하나님이 목회자로 세우셨다'는 소명의식을 강하게 가져야 합니다. 소명 의식이 분명하면 하나님의 뜻이 명확하게 보이지 않고, 현실의 어려움으로 인해 앞날이 막막하고, 방황하더라도 소망이 있습니다. 하나님은 우리를 목회자로 세우셨을 뿐 아니라, 우리를 향한 분명한 계획을 가지고 계시기 때문입니다. 또한 우리가 기도할 때 그 뜻을 알려 주시고, 우리의 앞길을 열어주시기 때문입니다.

대담자 '하나님의 뜻이 보이지 않을 때'와 '앞날이 보이지 않을 때'의 답이 하나로 통일된다는 느낌입니다. "기도하라"로요.

류승동 목사 하나님의 뜻이 보이지 않는다는 것과 앞날이 보이지 않는다는 것은 결국 일맥상통한다고 생각합니다. 그래서 이 두 가지 문제에 대한 해답도 기도라고 할 수 있습니다. 실제로 기도하면 우리를 향한 하나님의 뜻을 발견하게 되고, 하나님이 그 비전을 성취하도록 이끄시는 것을 분명 경험하게 될 것입니다.

대담자 비전이 막연하게 이상적일 수 있다고 생각할 수 있지만, 눈에 보이는 현실적인 비전도 있다고 생각합니다. 목사님은 비전을 어떻게 받으시고, 성취하기 위해 노력하시는지 궁금합니다.

류승동 목사 하나님이 먼저 생각을 불어넣어 주십니다. 목회에 대해서 이런 저런 것들을 생각할 때, 어느 순간 '이것이구나'라는 마음이 자리를 잡기 시작합니다. 그러면 그 마음을 붙들고 기도를 시작합니다. 기도하면서 확신이 생기는 경우, 이것을 하나님이 내게 주신 비전이라고 여깁니다.

학생 시절, 목회자가 되겠다는 결단을 할 때도, 동일했습니다. 중생을 경험한 후 '목회자가 되어야 겠다'는 생각이 불현 듯 찾아왔습니다. 이것이 제 순간적인 감정인지, 하나님의 부르심인지를 놓고 3개월 작정 기도를 했습니다. 그때 "하나님! 이것이 순간적인 감정이라면 점점 사라지게 하시고, 하나님의 부르심이라면 마음에 확실히 자리 잡게 해 주세요"라고 기도했습니다. 그렇게 하나님은 이 3개월 동안 제가 목회자의 길을 걷는 것이 하나님의 비전임을 확신하게 하셨습니다.

이러한 경험은 목회자로서 중요한 선택과 결정을 해야 할 때마다 저에게 지표가 되었습니다. 최근 비전센터를 건축할 때도 '다음 세대를 위한 건물을 지으라'는 생각이 들어왔고, "하나님! 지금이 건축의 때입니까?"라고 물으며 기도했습니다. 사실 당시 상황과 여건은 건축을 할 때가 아니었지만 하나님이 그 마음을 강하게 하셔서 교인들 앞에 담대히 선포하게 된 것입니다.

"여호와께서 그들이 바라는 항구로 인도하시는도다"(시 107:30b).

위의 말씀처럼, 하나님은 먼저 소원을 주시고, 이를 붙들고 기도할 때, 배가 항구에 도착하는 것처럼 그 소원을 성취하게 됩니다. 저는 이러한 과정을 거쳐 하나님의 비전을 발견하고 순종하고 있습니다.

대담자 하나님이 불어 넣으시는 생각이라면, 하나님이 은혜를 베풀어 이를 성취하도록 역사하신다는 말씀이죠?

류승동 목사 적어도 저의 인생과 목회의 경험에서는 그렇게 확신합니다.

대담자 굉장히 도전적인 이야기입니다. 하나님이 주시는 생각을 들으려면 영성 관리가 무엇보다 중요하다는 생각도 듭니다.

류승동 목사 당연합니다.

대담자 후배 목회자들이 비전을 발견하고 성취하는 데 있어서 전환점이 될 수 있는 이야기라고 생각합니다.

현실과 이상이 다를 때

김일환 전도사   목회자들마다 교회론, 목회철학이 있습니다. 그런데 사역하는 현장 속에서 이러한 이상이 구현될 수 없을 때가 많습니다. 이상과 현실이 동떨어져 있기 때문입니다. 저의 지난 날 목회를 돌아봐도 이를 많이 경험했습니다. 목사님은 어떠셨나요? 이럴 때 어떻게 극복해야 할까요?

류승동 목사   참 좋은 질문입니다. 현실과 이상이 다른 것은 당연합니다. 그래서 철저한 이상주의자가 되는 것도, 철저한 현실주의자가 되는 것도 위험합니다. 간격이 있는 이상과 현실을 인정하고 이를 메워 조화를 이루고 다듬어가야 합니다.

'창조적 파괴'라는 표현이 있습니다. 파괴를 통해 새로운 것을 창조하는 것입니다. 현실과 이상 사이의 괴리감도 이러한 창조적 파괴를 통해 간격을 좁힐 필요가 있습니다. 이것이 목회자가 해야 할 일입니다.

대담자 현실을 부정하지 말고, 모두 받아들이라는 말씀이신 거네요?

류승동 목사 현실을 긍정하지 않는 것은 문제가 있다는 말입니다.

대담자 인후동교회를 목회하면서 현실보다는 좀 더 이상적으로 생각하는 영역이 있으신가요?

류승동 목사 있기는 합니다.

대담자 혹시 나눠주실 수 있으신가요?

류승동 목사 저로서는 이루기 힘든 영역이 있습니다. 쉽지 않습니다.

대담자 어떤 건가요?

류승동 목사 은퇴에 있어 이상적으로 생각하는 면이 있습니다. 한국 사회는 이미 초고령사회에 접어들었습니다. 그래서 은퇴하기 전까지 노인 세대에 대한 관심과 투자를 할 수 있는 교회적 토양을 마련하고 싶다고 생각합니다.

또한 우리 교회에 필요한 교역자가 있다면, 정년보다 조금 일찍이라도 은퇴하고 목회를 넘겨주는 것이 마땅하다고 생각합니다.

대담자 멋지면서 이상적인 이야기라고 생각합니다. 사역 하시면서 현실과 이상의 괴리가 가장 컸다고 말할 수 있는 부분이 있으신가요? 부교역자로 지내시면서 담임 목사님에게 실망을 느낀 적은 없으신가요?

류승동 목사 없습니다. 제가 부교역자로 사역하던 교회 담임 목사님이 총회장을 하셨습니다. 교단적 난제가 있었는데, 그분이 중심을 바로 잡고 문제를 해결하셨습니다. 또한 총회장 자격으로 미주 총회에 참석하셨을 때, 다른 임원들은 총회 후 개인적인 일정을 소화했습니다. 하지만 그분은 총회 마치고

바로 귀국하여 교회로 출근하셨습니다. 이처럼 매사 귀감이
되는 모습에 이상과 현실의 괴리를 느끼지 못했습니다.

영성이 개발되지 않을 때

김일환 전도사 지금까지 비전의 힘듦에 대해서 이야기를 나누었습니다. 부흥이 되지 않을 때, 하나님의 뜻이 보이지 않을 때, 앞날이 보이지 않을 때, 현실과 이상이 다를 때 등이었습니다. 이제 마지막으로 영성이 개발되지 않을 때 어떻게 해야 하는지 여쭙고 싶습니다.

영성이라는 것이 목회자의 실력이라고도 이야기 할 수 있는데, 이 영성이 개발되지 않아 괴로운 적은 없으셨나요?

류승동 목사 목회자의 영성은 동전의 양면과도 같습니다. 손이 손등과 손바닥으로 이루어질 때, 온전해 지는 것처럼, **목회와 영성은 분리할 수 없는 것입니다.** 오죽하면 "목회는 영성으로 하는 것입니다"라고 주장하는 분도 있습니다. 목회자가 관심을 놓치지 말아야 할 영역입니다.

그런데 영성은 운전면허 시험에 통과하기 위해 벼락치기하는 것처럼 얻을 수 있는 것은 아닙니다. 긴 시간을 두고 차곡차곡 쌓여가는 것입니다. 그렇기에 매일의 삶에서 영성 훈련이 이루어져야 합니다. 그러한 훈련이 쌓여 목회에 중요한 원동력이 되는 것입니다. 저의 경우에는 영성이 떨어지면 함정에 빠지는 것을 느낍니다.

대담자 어떤 함정을 이야기 하시는 거죠?

류승동 목사 목회자라는 신분에 걸맞지 않는 위선의 함정에 빠질 수 있습니다. 열등감, 좌절의 함정에 빠질 수도 있습니다. 또한 섬김과 겸손의 자리를 빼앗는 교만의 함정에 빠질 수도 있습니다.

이러한 함정에서 벗어나기 위해 영성 훈련이 필요합니다. **매일 기도와 말씀 훈련, 묵상 생활을 놓치지 않아야 목회자**

의 영성이 개발될 수 있습니다. 초대교회 사도들이 구제하는 사역에 지쳐 기도와 말씀 생활을 놓쳤을 때, 큰 시험이 들었던 것을 기억하고, 매일 기도와 말씀으로 하나님을 대면하는 훈련이 반복되어야 합니다. 그렇게 해야 영성이 개발될 수 있습니다.

대담자 "영성은 어떤 특정한 시기가 아니라, 매일 쌓아가는 것이다"라는 말씀을 해 주셨습니다. 그런데 기도와 말씀 외에 추천해 주실 영성 훈련이 있다면 무엇입니까?

류승동 목사 제가 생각하는 **기독교 영성은 예수님을 닮아가는 것입니다.** 예수님은 자기를 낮추는 겸손과 모든 것을 내어주는 섬김의 삶을 사셨습니다. 그렇기에 목회자도 예수님처럼 겸손하게 섬기는 삶을 살아가야 합니다. 이러한 훈련을 삶 속에서 의도적으로 실천하는 것이 중요합니다.

정리하면, 기독교 영성은 말씀과 기도의 훈련이라는 기초 위에, 매일 삶 속에서 예수님을 닮아가는 훈련을 통해 개발해야 합니다.

대담자 결국 예수님을 닮아가는 모든 훈련을 말씀하시는 것이죠? 이러한 훈련 중에 목회자가 특별히 더 닮아야 하는 영역이 있을까요?

류승동 목사 예수님은 "나는 마음이 온유하고 겸손하니 나의 멍에를 메고 내게 배우라"(마 11:29)라고 말씀하셨습니다. 우리가 예수님의 온유와 겸손을 닮아가야 한다는 것입니다.

그런데 온유라고 할 때, 타고난 착한 성품, 온순한 성품이라고 오해할 때가 많습니다. 예수님이 말씀하신 '온유'는 헬라어로 '프라우스'(πραΰς)입니다. 이는 열이 날 때, 어떤 방법을 사용해서 정상 체온으로 만드는 것을 의미합니다. 또 다른 의미로는 사나운 맹수가 주인의 조련에 의해 길들여진 상태를 말합니다.

이처럼 온유는 하나님의 말씀에 길들여져 자신을 다스릴 수 있는 상태를 말하는 것입니다. 화를 내고 싶은 마음을 끌어내려서 마음의 평정심을 잃지 않는 것입니다. 또한 급하고 다혈질적 기질을 죽이고, 주님의 인도하심과 성령의 교통하심을 따르는 것이 온유입니다. 저는 이러한 온유의 훈련을 목회자들이 해야 한다고 생각합니다.

대담자 예수님의 성품, 특히 온유가 목회자 영성에 가장 중요한 영역이라고 말씀하시는 거죠?

류승동 목사 저는 그렇게 생각합니다.

대담자 참 탁월한 견해라고 생각합니다.

류승동 목사 존경받으며, 많은 이의 모델이 되는 목회자의 공통점이 자기를 다스릴 수 있다는 것입니다. 예수님처럼 생각하고, 말하고, 행동하려고 애씁니다. 반면 문제가 되는 목회자의 대부분은 자기의 말과 행동을 다스리지 못합니다. 감정에 의해 움직여 후회하는 일이 많습니다. 이처럼 목회자가 자기를 다스리는 것은 굉장히 중요한 일입니다.

대담자 짓궂은 질문 드려보겠습니다. 현재 목사님의 성품은 다듬어진 것 맞죠?

류승동 목사 아직 진행형이기는 하지만, 젊을 때와 비교하면 많이 다듬어진 것이 맞습니다.

대담자 그럼에도 절제가 안 되고 감정적으로 반응하게 되는 영역이 있으신가요? 그런 상황이 오면 어떻게 대처하시나요?

류승동 목사 옳지 않은 것을 보면, 급하게 반응 하려는 경향이 남아있습니다. 이런 부분은 아직은 더 다듬어지고 관리되어야 한다고 생각합니다.

대담자 목사님의 성품과 영성이 관련이 있다는 말씀이 탁견이라고 생각됩니다. 사실 요즘 젊은 목회자들의 약점이 쉽게 흥분하고, 쉽게 표현하고, 책임지지 못하고 도망친다는 것입니다. 이런 상황을 마주하며 목회자의 성품을 훈련하기 위해 해주실 말씀이 있으신가요?

류승동 목사 자신이 어떠한지 잘 분별해야 합니다. 장단점이 무엇이고, 자신에게 어떤 문제가 있는지를 파악하고, 그것을 관리하는 훈련을 해야 합니다. 영어에 왕도가 없다는 것처럼, 성품의 훈련에도 왕도가 없습니다. 솔직하게 자신을 인정하고, 끊임없이 내려놓는 훈련을 통해서 주님을 닮아가야 합니다.

대담자 성품에 관련해서 저도 고민이 있습니다. 더 겸손하고 온유해 지고 싶지만, 쉽게 바뀌지는 않습니다. 공부를 해도 지식만 쌓일 뿐, 획기적인 변화가 일어나지 않는 것도 사실입니다. 변화를 경험하려면 어떻게 해야 할까요? 마음을 내려놓고 다스리려면 어떤 훈련을 해야 할까요?

류승동 목사 매사 상대방을 존중하는 태도를 가져야 합니다. 저의 경우, 아무리 나이가 어리다고 하더라도 함부로 말을 놓지 않았습니다. 부교역자들은 물론, 교회 청년들에게도 존댓말을 씁니다. 심지어 식당에서 아들보다 어린 아르바이트생도 존대합니다. 이처럼 평소 사소한 것에서부터 존중과 배려하는 훈련을 쌓는 것이 주님의 성품을 닮아가는 데 기초석이 됩니다.

대담자 상대방을 존중하는 태도로 인해, 교인들이 목사님을 쉽게 생각하지는 않나요?

류승동 목사 저는 그렇게 느끼지 않습니다. 성도들은 제가 존중하는 태도를 갖는다고 저를 함부로 여기지 않습니다. 오히려 저를 더 존중해 줍니다. 만약 이런 태도로 누군가가 저를 쉽게 생각한다면 그것은 저의 잘못이 아니기에 연연해하지 않습니다.

4

목회자의 '관계'의 힘듦

부교역자들 간의 관계가 힘들 때

김일환 전도사 이제 마지막 파트인 목회자의 "관계의 힘듦"에 대해서 여쭤보겠습니다. 목회자는 관계를 떠나서 살 수 없습니다. 관계 속에서 목회자의 강점과 힘이 나타납니다. 하지만 목회자의 관계 가운데도 힘든 영역이 있습니다. 이에 대해 여쭤보고 싶습니다. 부교역자들 간의 관계가 힘들 때는 어떻게 해야 할까요?

류승동 목사 사역은 관계입니다. 관계가 좋으면 모든 것이 좋아질 수 있지만, 관계가 무너지면 모든 것이 나빠질 수 있습니다. 저는 관계에 관련해서 다음과 같은 세 가지 요소가 있어야 원활해 질 수 있다고 생각합니다.

첫째, 상대에 대한 존중입니다. 담임 목사로서 부교역자들을 대할 때, 존중의 마음이 없으면 관계가 굉장히 어려워집니다. '너는 부교역자니, 나의 지시에 무조건 따라야 해'라는 식으로 관계를 설정하면 진정한 동역자가 될 수 없습니다. 그러므로 나이, 성별, 직책 등에 상관없이 상대에 대해 존중할 수 있어야 합니다. 예수님도 병든 자, 약한 자, 사회적 약자와 같이 사회적으로 무시당할 수 있는 자들을 존중하셨고, 그들의 친구가 되어주셨습니다. 그들을 하나님이 소중히 여기시는 하나님의 형상으로 대하셨기 때문입니다. 이런 면에서 존중하는 마음이 목회자에게 반드시 필요합니다.

둘째, 소통입니다. 모든 관계의 문제는 소통의 부재에서 옵니다. 부교역자들 간에도 소통을 분명하게 해야 합니다. 그래야 오해가 생기지 않습니다. 오해가 생겨도 바로 문제를 해결할 수 있습니다.

셋째, 배려입니다. 배려 없이는 좋은 관계를 형성할 수 없습니다. 다른 사역자들을 배려할 수 있어야 합니다. 몸이 불편한 상황에 있는 동역자를 위해 조금 더 헌신할 수 있는 배려,

어려운 상황에 있는 동역자의 마음을 헤아리는 배려가 필요합니다.

대담자 부교역자들끼리 싸우는 모습을 본 적 있으신가요?

류승동 목사 당연히 있죠.

대담자 그때 목사님은 개입하시나요?

류승동 목사 네 개입합니다. 다만 잘잘못을 가리지는 않습니다. 쌍방이 모두 잘못했다고 말합니다. 목회자는 지도자인데, 그 정도도 참지 못하고 성도들을 지도할 수 있느냐고 훈계합니다. 자기를 돌아보도록 합니다.

대담자 관계의 3요소, 존중, 소통, 배려는 중요하고 핵심적인 부분이라고 생각합니다. 그런데 막상 교회 일을 진행할 때는 쉽지 않습니다. 부교역자로서 처리해야 하는 많은 업무가 있는데, 동역자가 매번 자신의 일을 제대로 하지 못해 도움을 청함으로 관계가 어려워진 경우도 적지 않습니다. 이러한 경우에는 어떻게 해야 할까요?

류승동 목사 사회 공동체 속에서도 그와 같은 이유로 불편해지는 일이 있습니다. 하지만 약하고 능력이 부족한 사람을 커버해 주는 미담도 많습니다. 하물며 우리는 본이 되어야 하는 신앙 공동체입니다.

만약 우리가 생각하는 것처럼, 예수님이 우리를 판단하신다면 어떻게 될까요? 목회는 결국 누군가의 부족함, 약한 점을 돌보는 것입니다. 그런 면에서 교회 업무 때문에 피곤하여 같은 동역자의 미흡한 부분을 돌보지 않는 것은 문제입니다. 목회자는 성도이든 동역자이든 어렵고 힘든 사람의 손을 잡고 함께 일으켜 주는 자가 되어야 합니다.

"즐거워하는 자들과 함께 즐거워하고 우는 자들과 함께 울라"(롬 12:15).

담임 목사와의 관계가 힘들 때

김일환 전도사 다음 질문으로 넘어가 보겠습니다. 부교역자 중에는 담임 목사님과의 관계가 어려운 경우가 상당히 많습니다. 이때 어떻게 해야 할까요? 담임 목사님 편에서 이야기해 주세요.

류승동 목사 담임 목사도 연약함이 있음을 기억해야 합니다. 담임 목사의 "부족한 부분을 보완해야 겠다"는 마음이 먼저 필요합니다.

또한 힘들게 하는 담임 목사 아래 있다면 '여기에서 잘 참는 훈련을 하면, 앞으로 어떤 임지에 부임해서도 잘 할 수 있다'라고 생각하는 것도 좋습니다. 산에 가서 목사님에 대한 마음을 토설하고 오는 것도 도움이 됩니다. 다만 사람에게 좋지 않은 감정을 쏟아내는 것은 지혜롭지 못합니다.

대담자 담임 목사님과 관계가 힘들 때는 다른 사람이 아니라 혼자 욕도 하고, 감정을 토설하면서 포기하지 말고 견디라는 말씀이신 거죠?

류승동 목사 성경은 참고 견디는 것을 인내의 훈련이라고 합니다. 감당할 수 없는 담임 목사를 만나 섬길 때, 이것도 하나님의 훈련이라고 생각해야 합니다. 훗날 담임 목사가 되었을 때, 성도로부터 괴롭힘을 당할 수도 있는데, 이를 대비한 훈련을 받고 있다고 생각하면 유익하다고 생각합니다.

대담자 이미 틀어진 담임 목사님과의 관계가 좋아질 수 있을까요?

류승동 목사 냉정하게 말하면 어렵다고 생각합니다. 하지만 이것도 마음먹기에 따라 다른 결과가 올 수 있다고도 생각합니다.

대담자 저는 담임 목사님과의 관계에서 천국과 지옥을 경험했습니다. 담임 목사님과 관계가 좋을 때는 교회 사역이 즐겁고 행복했습니다. 반면 그렇지 않은 교회는 출근하는 것조차 너무 힘겨웠습니다. 이런 상황이 오는 것은 부교역자에게도 책임이 있지만, 담임 목사님의 영향도 있다고 생각합니다.

류승동 목사 당연히 모든 것은 상호적입니다. 부교역자 입장에서 담임 목사가 마음에 들지 않을 수 있고, 담임 목사의 입장에서 부교역자가 싫을 수도 있습니다. '도대체 저 친구는 왜 목회한다고 하는 거야? 이해가 안 돼'라고 생각할 수도 있습니다. 하지만 담임 목사가 이런 생각을 함부로 표현해서는 안 됩니다. 또한 계속해서 서로가 힘들어지는 상황이 오면 진솔한 마음으로 이야기하고 임지를 옮기는 부분도 필요합니다.

조금 다른 이야기지만, 부산에서 전담 전도사로 사역할 때, 담임 목사님과 교인들의 사이가 멀어져 있었습니다. 그래서 부임하고 얼마 지나지 않았을 때, "전도사님 따라 갈 테니까 개척합시다"라는 제안이 있었습니다. 그때 이를 담임 목사님께 말씀드렸고 다른 임지를 알아보겠다고 했습니다. 담임 목사님도 기꺼운 마음으로 저를 보내주셨습니다. 그래서 부임한 지 일년도 되지 않아 임지를 옮기게 되었습니다.

대담자 교회에 필요하고, 담임 목사와도 시너지를 낼 수 있는 좋은 부교역자라도 담임 목회자와 이미 깨진 관계가 회복되는 것을 본 적이 없습니다. 그래서 아쉬운 마음에 "부러진 담임 목사와 부교역자의 관계가 회복될 수 있는가?" 라는 질문을 드렸습니다.

류승동 목사 벽에 박힌 못을 빼낼 수는 있지만 흔적은 남습니다. 그렇기에 불편한 동거를 해서 교회와 성도들에게 좋지 않은 영향을 끼치는 것보다 아쉽지만 갈라서는 것이 서로에게 유익이 될 수 있다고 생각합니다.

대담자   담임 목사님으로 부교역자를 청빙할 때 무엇을 보시나요? 능력이 탁월한 것, 관계가 좋은 것, 성품이 좋은 것 중에 어디에 중점을 두시나요?

류승동 목사   관계와 성품을 더 중시합니다.

대담자   성품은 정말 좋지만, 일은 정말 못해도 괜찮을까요?

류승동 목사   답답할 수 있습니다. 그러나 능력이 있지만 성품이 부족해 문제를 야기하는 것보다는 낫습니다.

부교역자가 훌륭해 그를 추종하고 따르는 사람들이 함께 교회를 개척하겠다고 하면 기쁘게 허락해 줄 수 있습니다. 그러나 비정상적인 방법으로 담임 목사를 비방하고 교인들을 선동하여 자기의 목적을 이루려고 한다면 단호하게 대처할 것입니다.

설교에 있어서도 부교역자가 담임 목사만큼, 담임 목사보다 더 잘하는 것을 원합니다. 실제로 부교역자들에게 "설교할 기회를 주는데, 이때가 기회라고 생각하라. 담임 목사의 심정으로 준비하라. 특히 담임 목사가 출타하여 예배를 인도

할 때는 담임 목사의 공백을 느끼지 않아야 한다. 그래야 담임 목사가 편안한 마음으로 선교나 다른 사역을 위해서 교회를 비울 수 있다"라고 말합니다. 담임 목사 대신 부교역자가 설교할 때마다 잘하지 못하면, 성도들은 "우리 목사님은 우리 교회나 잘 돌보지, 왜 바깥으로 다니냐?"는 불만을 토로하게 됩니다. 이런 말을 듣는 것보다 부교역자들이 잘하는 것이 좋다고 생각합니다.

대담자 확실히 교역자는 성품의 사람이어야겠습니다.

류승동 목사 그렇습니다. 교역자 이전에 사람이 되어야 합니다.

교인들과의 관계가 힘들 때

김일환 전도사　교인들과의 관계가 힘들 때도 있습니다. 이 때 목회자가 어떤 자세와 태도를 취해야 할까요?

류승동 목사　목회자는 교인들과 원만한 관계를 형성해야 합니다. 이것이 잘되지 않는 경우는 목회자가 '나는 당신들의 지도자'라는 인식 때문입니다. 이러한 인식이 강하면 상대방의 이야기를 듣지 않고, 내 생각만 주입하려는 경향이 강해집니다. 뿐만 아니라 자기의 판단이 정답인 것처럼 밀어붙이는 우를 범하기도 합니다. '당신들은 나에게 순종하고, 복종해야 해'라는 태도로 교인들과 원만한 관계를 맺지 못하게 됩니다.

그렇기에 목회자는 성도를 동역자로 여겨야 합니다. 물론 진리를 수호함에 있어서는 타협 없는 태도가 필요하지만, 그렇지 않은 부분에 대해서는 교인들과 동역한다는 자세로 그들의 이야기를 경청할 수 있어야 합니다.

대담자 목회자의 권위를 내려놓아야 원만한 관계가 된다는 건가요?

류승동 목사 권위가 아니라, 권위 의식을 내려놓아야 합니다. 목회자의 영적 권위는 세워져야 하고, 존중되어야 합니다. 다만 목회자라는 신분 때문에 주어지는 권위가 아니라, 목회자의 성경적 삶을 통해, 교인들이 저절로 존중하게 되는 권위가 필요합니다. 목회자이기 때문에 교인들이 나에게 순종해야 한다는 권위 의식은, 교인들과 원만한 관계를 맺지 못하게 하는 장애 요인이 됩니다.

대담자 교인들이 너무 심하게 대할 때, 어떻게 해야 할까요?

류승동 목사 어떤 이유와 상황이냐에 따라 다를 수 있습니다.

대담자 담임목사가 심사숙고하여 내린 목회적 결정을 받아들이지 않고, 대들 때는 어떻게 해야 할까요?

류승동 목사 좋게 타이르고, 그러한 결정을 내리게 된 배경에 대해서 먼저 설명해야 합니다. 그럼에도 수용하지 않고, 계속해서 목회자에게 심하게 대하는 일을 멈추지 않으면 그때는 단호하게 이야기할 필요도 있습니다.

대담자 쓸데없는 말을 지어내는 경우에는 어떻게 해야 할까요? ○○교회 ○○장로님을 평소 싫어하던 ○○집사가 ○○장로 술집 다닌다고 소문을 내는 경우도 있습니다. 이처럼 목회자에 대해서 험담하고 곡해하는 소문을 내는 교인이 있을 때, 어떤 태도를 가져야 할까요?

류승동 목사 교회의 하나 됨을 방해하고, 믿음이 연약한 신자를 시험 들게 하는 경우에는 단호하게 대처합니다. 하지만 그렇지 않은 부분은 알아도 모르는 척, 들어도 못 들은 척합니다. 일일이 대꾸하지 않습니다. 소문은 소문일 뿐이기에 원만하게 굴러가게 내버려 둡니다.

사모와의 관계가 힘들 때

김일환 전도사 이제부터 조금 더 예민한 질문을 드리려고 합니다. 사모님과의 관계가 힘들 때, 어떻게 해야 하나요?

류승동 목사 사모의 존재가 목회의 성패를 좌우한다는 말이 있습니다. 사모 때문에 목회가 힘들 수도 있고, 힘이 될 수도 있기 때문입니다. 저의 경우 부족한 부분이 많은데 아내가 보이지 않게 커버해 주기에 어려움 없이 목회하고 있습니다. 교인들에게 "목사님! 사모님 덕을 크게 보고 있음을 아세요?"라는 말을 듣기도 합니다. 물론 사모와의 관계가 마냥 좋을 수만은 없습니다. 갈등이 있을 수밖에 없습니다. 그렇기에 존중과 소통과 배려가 필요합니다.

배우자라고 하는 것은, 남편은 아내에게 배우고, 아내는 남편에게 배우라는 표현으로 의미가 있다고 생각합니다. 이때 배우라는 것은 상대방에게 요구하는 것보다, 자신에게 다짐하는 말로 적용해야 합니다.

어떤 책에서, 목사와 사모가 서로를 위해 매일 기도하는 시간을 가지라는 제안을 본 적이 있습니다. 목사는 사모를 위해서, 사모는 남편을 위해서 매일 기도한다면 갈등을 줄이고, 관계를 화목하게 하는 데 도움이 될 것이라고 생각합니다.

대담자 사모님 중에는 목회를 힘들게 하는 분들도 있습니다. 사모님 때문에 교인들이 갈라지는 경우도 있습니다. 목사님과 교인들의 관계가 어려워지기도 합니다. 이러한 때에는 어떻게 해야 할까요?

류승동 목사 대답하기 난감합니다. 이때는 교인들에게 "나도 그 부분이 너무 힘든데, 성도들은 얼마나 힘드냐? 미안하다. 이해를 부탁한다"고 진솔하게 표현하는 것이 필요하다고 봅니다.

대담자 의외입니다. "사모님을 확 잡으라"고 말씀하실 것이라 기대했는데요.(웃음)

류승동 목사 부부가 잡고 잡히는 관계는 아니라고 생각합니다.

대담자 대화로 문제를 풀어나가려는 자세가 중요한 것 같습니다.

류승동 목사 만약 사모로 인해 교회 공동체 안에 문제가 많이 생기면, 사모의 역할을 축소하는 것도 지혜라고 생각합니다. 대신 아내에게 취미 생활을 할 수 있도록 배려하고, 친구들과 시간을 보낼 수 있도록 돕는 것도 좋다고 생각합니다. 한 남자의 아내로 살아가도록 돕는 배려도 필요합니다.

대담자 목사와 사모의 관계를 위해 추천해 주고 싶은 취미가 있으신가요? 또한 관계의 기술이 있다면 조언해 주십시오.

류승동 목사 영화를 함께 보는 것도 좋습니다. 짧은 일정이라고 하더라도 일상을 벗어나 자연과 벗하며 산책하는 것도 추천합니다. 이것은 사모뿐 아니라 자녀들의 정서에도 도움이 됩니다. 여하튼 바쁘더라도 의도적으로 시간을 내서 함께 하는 것이 필요하다고 생각합니다.

가족과의 관계가 힘들 때

김일환 전도사 마지막 질문입니다. 가족과의 관계가 힘들 때, 어떻게 해야 할까요? 목회자라는 포지션 때문에 가족과의 관계가 힘들 때 어떤 태도와 자세가 필요할까요?

류승동 목사 자녀는 어릴 때부터 성장하는 가운데 가족의 영향을 받습니다. 그렇기에 현재 자녀의 행동은 가정에서 받은 교육과 분위기에 의해 형성된 것입니다. 그런 면에서 자녀와의 갈등이 있다면, 그가 자라면서 받은 상처에 기인한 것이라고 판단할 수 있습니다. 목회자의 자녀이기 때문에 받은 역차별, 목회자의 바쁜 사역으로 인한 부모의 부재 등으로 인한 어려움이 있습니다.

대담자 PK(목회자 자녀)의 어려움이 분명 있습니다.

류승동 목사 "아버지가 목사님이지, 내가 목사님은 아니지 않냐? 목사님을 아버지로 둔 가정에서 태어난 것밖에 없는데, 왜 나에게 '목사 아들이니까' 헌신하고 희생하라고 하느냐?"라는 이야기를 들은 적이 있습니다. 목회자의 자녀라는 이유로 받은 압박이 얼마나 심한 지를 단적으로 보여주는 말입니다. 이런 이유로 목회자 자녀들에게 스스로 선택을 할 수 있는 자연스러운 분위기를 만들어 주어야 합니다.

또한 자녀가 어긋난 행동을 할 때는 그것에만 집중하지 말아야 합니다. "오늘의 나의 모습은 어제의 삶이 반영된 것이고, 내일의 나의 모습은 오늘의 삶이 반영된 것입니다." 자녀의 어긋난 행동은 부모에게 받은 상처일 수 있음을 기억해야 합니다. 만약 자신의 실수가 있음을 발견했다면 용기를 가지고 자녀에게 사과해야 합니다. 그래야만 마음의 응어리가 풀리고 치유되는 역사가 일어날 수 있습니다.

대담자 10살 미만의 자녀를 둔 목회자들은 다음과 같은 두 가지를 고민한다고 합니다. 첫째는 부모로서의 정체성과 태도의 문제입니다. 성도 중에 누군가가 마음에 들지 않아 목사와 사모가 이야기할 때, 자녀가 이를 듣습니다. 분명 "서로 사랑하라"는 설교를 했는데, 누군가를 흉보고 욕하는 것으로 인해 자녀가 혼란을 겪습니다. 부모를 거짓말하는 사람으로 생각할 수도 있습니다. 또한 목사인 아버지와 놀아주는 아버지 사이에서 혼란을 느끼는 자녀들도 있습니다. 이런 경우 어떻게 해야 하는지 고민이 된다고 합니다.

둘째는 교육의 문제입니다. 자녀들에게 양질의 교육을 시켜주고 싶은 마음이 가득하지만, 어느 정도 수준으로 해야 하는지 혼란스러워 합니다. 한 목사님은 음악적 소질을 가진 자녀를 좋은 음악학원에 보냈는데, 교인들이 시험에 들었다고 합니다. 정말 아끼고 아껴서 보낸 것인데 말이죠. 결국 자녀를 설득해서 음악학원을 다니지 않게 했다고 합니다. 이것도 큰 고민이 됩니다.

류승동 목사 보통 PK들이 가장 싫어하는 말은 "너는 목사님의 아들이니까"입니다. 이런 말을 들으면 반감이 생긴다고 합니다. 그렇기에 무엇보다 이 말을 피하는 것이 중요하다고 생각합니다. 또한 "주일 성수는 반드시 한다. 예배는 빠지지 않는다" 등의 대원칙을 정하고, 반드시 지키게 하는 것은 중요하지만, 그 외의 것들은 자유롭게 신앙 생활하도록 지켜 보는 것도 필요합니다.

결론

앞으로 목회자의 '힘듦'을 예상하며 위로하며
지혜를 표현함(상생기)

- 10년 뒤를 생각한다. 10년 뒤는 어떻게 변해 있을까?

- 앞으로는 목회자는 무엇 때문에 힘들까?

- 그러니, 오늘 무엇을 준비해야 하겠는가?

10년 뒤, 한국 교회는 어떻게 변해 있을까?

김일환 전도사 드디어 결론 부분에 도달했습니다. "10년 뒤 한국 교회는 어떻게 변해 있을까? 무엇 때문에 힘들까? 어떤 준비를 해야 할까?"라는 질문을 드리려고 합니다. 이에도 성실하게 답변해 주시리가 믿습니다.

목사님! 목회 하신 지 얼마나 되셨나요?

류승동 목사 1987년 기독교대한성결교회 전도사로 승인을 받았습니다. 이를 기준으로 하면 36년 째 목회를 하고 있습니다.

대담자 은퇴하실 때까지 생각하면 40년 정도 되시겠네요?

류승동 목사 40~45년 되죠.

대담자 그렇다면 이 기간 목회를 하신 연륜을 믿고, 질문을 드리도록 하겠습니다. 10년 뒤 한국 교회는 어떻게 변해 있을까요? 목회 생태계가 어떤 변화를 맞이할 것이라고 예상하시나요?

류승동 목사 변화의 속도가 갈수록 빨라질 것이라고 생각합니다. 산업의 속도가 빠르게 변화하는 것처럼 목회 환경에도 크고 빠른 변화가 있을 것입니다. 지난 35년 동안 제가 겪은 변화보다 앞으로 10년 동안의 변화가 더 많을 것이라고 예상합니다. 코로나 팬데믹과 같은 예기치 못한 돌발 변수로 인해 목회 환경이 크게 변할 수도 있다고 생각합니다.

대담자 목사님! 40여 년 목회하시면서 코로나와 같은 질병으로 인해 큰 변화를 겪으신 적이 있으신가요?

류승동 목사 교회 역사 속에서는 유럽을 휩쓸었던 페스트가 목회에 큰 변화를 일으켰다고 생각합니다. 우리나라의 경우는 일제강점기, 6·25 전쟁이 상당한 영향을 주었지만, 제가 목회하는 기간 동안에 코로나와 같은 질병으로 인한 변화는 없었습니다. 오히려 경제·정치 변화에 따라 목회 환경이 달라지는 경우가 많았습니다.

대담자 코로나 팬데믹으로 인해 온라인 사역, 비대면 사역이 활발해 졌습니다. 사회적으로도 카이스트 교수가 이해하지 못하는 IT 기술이 있다고 말할 정도로 발전했습니다. 인후동교회는 이러한 변화에 어떻게 대응하셨나요? 준비가 미흡해서 당황한 부분은 없으신가요?

류승동 목사 전주는 중소 도시에 해당 합니다. 그래서 대도시에 있는 교회에 비해 이런 부분에서 큰 어려움을 느끼지는 못했습니다. IT 기술이 제게 영향을 준 부분을 생각하자면, 저는 설교 원고를 자필로 완성했었습니다. 그러나 이제는 설교노트를 가지고 강단에 올라가던 모습이 달라졌습니다. 몇 년 전 딸이 태블릿 PC를 선물해 준 이후부터는 설교문을 타이핑 하고, 강단에 태블릿 PC를 가지고 올라가 설교하게 되었습니다.

저로서는 상당한 변화였는데, 교인들이 이에 대해서 "목사님 보기에 참 좋았습니다"라고 칭찬을 했습니다. 기존의 현실에 안주하기 보다는 변화를 주는 모습이 필요하다는 생각을 더 하게 되었습니다.

대담자 제가 질문을 드린 이유는, IT 혁명, 팬데믹 등으로 인해 엄청난 변화가 일어났기 때문입니다. 목회도 이로 말미암아 큰 변화를 맞이했고, 교인들도 목회자가 시대적 변화에 빠르게 적응하는 모습을 볼 때 안정감을 느끼게 되었습니다. 사실 과거에 태블릿 PC나 노트북을 가지고 강단에 올라가는 것을 좋아하지 않았던 성도들도 있었습니다. 그러나 지금은 목사님이 변화에 잘 대처하신다고 생각합니다.

앞으로 더 크고, 많은 변화가 일어날 것이라고 말씀하셨는데, 목회자는 이에 대해 어떤 자세를 가져야 할까요?

류승동 목사 미래 목회 환경에 대한 책이나 잡지가 많이 등장하고 있습니다. 이러한 주장에 대해 귀를 기울일 필요가 있습니다. 앞으로 어떤 변화가 일어날 것이고, 어떤 부분에서 준비해야 하는지를 배워 대비해야 합니다.

대담자 교회와 목회자가 시대적 대응을 해야 한다는 입장이신 거죠? 그것이 전통과 충돌된다고 하더라도 끌어안고 가야 한다는 거죠? 이제 젊은 목사님을 대신해서 부르심교회 홍정표 목사님께 묻겠습니다. 목사님 생각에는 10년 뒤에 어떤 변화가 있을 것이라고 예상하시나요?

홍정표 목사 제가 50대가 되겠네요.(웃음) 두 가지를 생각할 수 있습니다.

첫째는 예측하고 속단하기 어렵다고 생각합니다. 얼마 전 영국에서 유학을 하고 돌아온 청년에게 이런 이야기를 들었습니다. "유럽의 교회가 그 정도 인 줄은 몰랐습니다. 청년들끼리 펍(pub)에서 이야기하는 시간이 있었는데, 그곳이 예배당이었다는 이야기를 들었습니다. 유럽 기독교가 쇠퇴하면서 예배당이 술집이 되었더라는 이야기를 들은 적은 있지만, 실제로 경험하니 충격적이었습니다." 사실 이것은 다른 나라의 일만은 아닐 수 있습니다. 탈종교화 되고 있는 사회 속에서 한국 교회도 이와 같은 현상을 경험할 수 있습니다. 10년 뒤 모습에 대해서 낙관할 수 만은 없다고 생각합니다.

둘째는, 하나님의 은혜가 필요하다는 것입니다. 인위적인 목회 기술이나 방향성이 아니라 하나님이 일으키시는 부흥이 필요합니다. 하나님의 개입 없이는 앞으로는 쉽지 않을 것이라고 생각합니다.

류승동 목사 유럽의 교회처럼 술집에 팔려나갈 것이라고 예견할 수는 없지만, 현재 한 가지 확실한 것은 빚으로 인해 유지하지 못하고 팔리는 교회가 많다는 점입니다. 전주 지역에도 무리한 건축으로 인해 매각되는 교회가 있는데, 안타까운 점은 대부분 이단으로 넘어간다는 점입니다. 이것을 한국 교회가 뼈아프게 받아들여야 한다고 생각합니다.

대담자 무리한 교회 건축이 한국 교회를 무너뜨렸다는 평가를 받는 거죠?

류승동 목사 꼭 무너뜨렸다고 말하기 보다는, 지나친 욕심이 부작용을 가져왔다는 생각입니다.

대담자 교회를 크게 지으면, 성도가 많이 온다는 '건축 만능주의'에 대해 재평가가 이루어져야 한다고 생각합니다.

류승동 목사 남원에서 교회 대지를 매입하고, 건축을 할 때, 성도들에게 "은행 대출을 1억만 받습니다"라고 했습니다. 그렇게 1억만 빚지는 정책으로 성도들로부터 호응을 얻고, 은혜롭게 건축을 마무리 했습니다.

대담자 실제로 대출금이 1억이었던 거죠?

류승동 목사 은행 대출을 1억만 받았습니다.

대담자 나머지는 교회가 감당했나요?

류승동 목사 성도들의 헌신과 교회의 준비로 나머지는 채웠습니다. 인후동교회에 와서 비전센터를 건축할 때도 "4억만 대출하겠습니다"라고 선포했습니다. 나머지는 애써서 채웠습니다. 이처럼 절대로 해야 하는 일은 꼭 하되, 교회적으로 무리가 되지 않는 선에서 진행해야 한다고 생각합니다. 욕심을 부리는 것은 절대 금물입니다.

대담자 지난 10년을 돌아보면, 인문학적 키워드와 신학적 키워드가 한국 교회를 끌어나갔다고 생각합니다. 그래서 해외 유학파 목사님들이 많은 주목을 받았습니다. 그것도 목회적 경험보다는 학문적 경험이 있는 분들을 선호했습니다. 이러한 부분에 대해 어떻게 평가하시나요?

목사가 힘듦을 이겨낼 때

류승동 목사 상당히 난감하네요. 상황에 따라 다르다고 생각합니다. 유학을 하고 돌아와 한국 목회 상황에 잘 적응해서 균형 있고 건강한 목회를 하시는 분도 있고, 한국 목회에 대한 이해없이 나름의 생각으로 물의를 일으킨 분도 있습니다.

그렇기에 이런 부분에 있어서는 균형이 무엇보다 필요하다고 생각합니다. 보수와 진보가 균형을 잡아야 국가나 사회, 정치가 발전하는 것처럼 목회도 신학의 학문적 영역과 목회자의 영성과 목회현장이 서로 조화를 이루어야 한다고 생각합니다. 어느 한쪽에만 치우치는 것은 바람직하지 않습니다.

오늘, 무엇을 준비해야 할까?

대담자 예측하기 어려운 시대를 맞이해서 목회적 요구와 신앙적 요구에 균형 있게 반응하기 위해 목회자는 무엇을 준비해야 할까요?

류승동 목사 가장 중요한 것은 시대적, 목회적 환경이 달라져도 본질은 지키고 고수해야 합니다. 목회자의 영성, 말씀과 기도에 기반하는 삶은 시대가 변해도 목회자가 반드시 지켜내야 하는 것입니다. 운동 경기를 할 때, 아무리 전략과 전술이 뛰어나도 기본기와 체력이 없으면 이길 수 없습니다. 마찬가지로 목회자의 기본은 반드시 갈고 닦아야 합니다.

한편 비대면시대, 대면 예배가 점점 약화되고, 공동체성이 약화될 수밖에 없는 상황에 대해 고민도 있어야 합니다. 정말 심각하게 예배 신학에 대해서 다시 고찰하고, 성도가 신령과 진정으로 예배를 드릴 수 있는 장치를 마련하는 것에도 최선을 다해야 합니다.

또한 워라벨시대, 일과 삶의 조화를 강조하는 시대적 흐름에 대해서도 생각해 봐야 합니다. 일에 올인하지 않고, 자신의 생활도 즐겨야 하는 시대적 요청은 교인들로 하여금 교회에 대한 헌신도를 약화시킬 수 있습니다. 이에 대해서도 목회자의 준비가 필요하다고 생각합니다.

대담자 이 부분에 대해 더 구체적으로 질문들을 드리고 싶습니다. 많은 젊은 신앙인이 "내 교회"라는 인식을 하지 않습니다. 또한 어떻게 교회를 세워나갈 지에 대한 고민도 사라졌습니다. 당연히 교회가 힘들면 떠나도 된다고 인식합니다. 이러한 사람들을 어떻게 교회를 위해 헌신하는 신자로 변화시킬 수 있을까요?

류승동 목사 목회자의 시각을 넓혀야 합니다. "그리스도인이라면 무조건 헌신해야 합니다"라고 강조하는 것은 지양하고, 성도와의 간극을 좁혀야 합니다. 전적으로 헌신하기를 꺼려하는 성도가 삶 속에서 나름의 헌신을 할 수 있도록 도와야 합니다. 또한 변화되는 시대에 맞춰 목회 패러다임의 전환에 대해서도 고심해야 합니다.

홍정표 목사 한국 교회가 지금까지 성장할 수 있었던 것은 "내 교회"라는 인식 때문이라고 생각합니다. 인후동교회도 "내 교회"라는 인식을 바탕으로 성장하지 않았나 생각합니다.

류승동 목사 영국 종교사회학자인 그레이스 데이비 교수는 시대적 영향으로 "믿기는 하지만 소속되기를 원하지 않는"(believing without belonging) 신앙이 양산되었다고 말합

니다. 그는 성도들이 점점 종교제도나 형식, 의례, 가르침, 신조를 따르지 않으려고 할 것이라고 예견합니다.

한국 교회는 이러한 현상과 무관하지 않습니다. 2025년이 되면, 가나안 신자가 400만 명을 돌파할 것이라고 말하는 학자도 있습니다. 이런 현상을 대비하여 어떻게 그들을 교회로 인도할 수 있을지 고민해야 합니다.

홍정표 목사 이에 대해 고민하는 세미나가 있으면 좋겠네요.

류승동 목사 다른 것들에 대해서도 고민해야 하는 영역이 있습니다. 그것은 '개척교회'와 '교회개척'에 관한 영역입니다. 앞으로는 '개척교회'와 '교회개척'에 대한 생각도 많이 바뀔 것이라고 생각합니다. 지금은 개척을 하는 목회자도 적을뿐더러, 실제로 개척교회가 자립하기도 어렵습니다. 그 이유는 다각도적으로 살펴볼 수 있지만, 가장 중요한 이유는 '현실적'인 이유들 때문에 그렇습니다. 제가 목회를 시작 할 때에는, 그래도 지금보다는 좋았습니다. '교회'라는 사회적 이미지도 좋았고, '목회자'라는 사회적 이미지도 동일합니다. 그래서 성도들이 자주 문을 두드렸습니다. 개척교회 중 자립하는 교회들이 자주 있었습니다. 그러나 요즘은 정말 쉽지 않음을 공감합니다. 그래서인지 개척자들을 찾아보기가 어렵습니다. 저희 교단뿐만 아니라, 다른 교단도 마찬가지죠.

그래서 그들에 대한 실제적인 도움이 필요합니다. 만약 우리교단에 30대에 개척한 목회자들이 있다면, 어떤 의미에서 그들은 우리교단에 가장 용기 있는 사람들, 보배들이라고 말할수 있을 것입니다. 그래서 그들을 하나의 커뮤니티로 연합하게 하고, 그들이 더욱 사역을 잘할 수 있도록 돕는 것에 대해서도 고민을 해볼 수 있습니다. 우리교단에 젊은 개척자들이 더 많이 일어났으면 좋겠습니다. 그리고 그들이 열심히 사역할 수 있도록, 선배들이 함께 손을 잡아주고 고민해주는 영역도 깊게 고려해야 합니다.

앞으로 목회자는 무엇 때문에 힘들까?

대담자 두 분의 이야기를 들어보니 변화하는 시대에 맞춰 목회적 대응을 할 수 있는 준비가 시급하다고 여겨집니다.

홍정표 목사님은 앞으로 목회자가 무엇 때문에 힘들 것이라고 생각하시나요? 임지, 목회적 역량, 가정 중에 어떤 것이 가장 힘이 들까요?

홍정표 목사 임지에 대한 고민이 클 것이라고 생각합니다. 지금도 신학교를 졸업하고도 갈 곳이 없어서 고민하는 분들이 적지 않습니다. 그 결과 개척에 도전하는 분들이 많아졌고, 새로운 시도도 많아지고 있습니다. 원하는 목회지를 스스로 개척해 나가는 것입니다. 김일환 전도사님이 <우.리.가.본.>교회를 개척하신 것도 일맥상통하지 않나요?

대담자 목사님이 말씀하신 것처럼, 시대적인 상황 속에서 원하는 목회지를 개척해 나가는 것은 좋은 일이라고 생각합니다. 그런데 '나를 어차피 써 줄 교회가 없으니 개척이나 하자'라는 자세는 지양해야 합니다. 소명의식이 결여된 채, '개척하면 교단이나 대형교회의 지원을 받을거야'라는 생각으로 개척하는 것은 문제가 있습니다.

홍정표 목사 그렇죠. 시대적 흐름 속에서 개척을 한다고 해도 목회자로서의 소명이 기초가 되어야 합니다.

대담자 소명 의식 없이 생존 의식으로 개척하는 것은 큰 문제입니다.

홍정표 목사 목사님! 최근 젊은 목회자들은 가정에 대한 중요성을 인정하고, 가장으로서 역할을 하려고 애를 씁니다. 또한 목회적 환경의 어려움에 대해서도 잘 극복합니다. 하지만 임지는 예측할 수 없는 부분이라 고민이 깊은 것 같습니다.

류승동 목사 젊은 세대는 가정에 대해 비중을 많이 둡니다. 가정의 중요성을 일깨운 것처럼 보이지만, 여기에도 함정이 있습니다. 교역자들이 지방으로 내려오려고 하지 않습니다. 배우자의 직장이나 자녀 교육 문제로 인해 파트 사역을 하면서도 수도권에 머무르려고 합니다. 지방으로 내려온다고 해서 생존의 위협을 받는 것도 아니고, 교육을 하지 못하는 것도 아님에도 말입니다. 이처럼 교역자들이 너무 가정만 중시하는 것도 목회적 측면에서는 부정적일 수 있습니다.

대담자 목사님! 지난 40여 년을 목회하면서 무엇 때문에 가장 힘드셨나요?

류승동 목사 아내와 자녀를 생각하면 미안한 마음이 듭니다. 저만 해도 목회에 우선순위가 있었기에 생활의 압박을 느끼면서도 빚을 내서 건축 헌금을 내고, 자녀들에게 학원 하나 제대로 보내주지 못했습니다. 아내나 자녀들이 이를 원망하지 않고, 빗나가지 않았다는 것에 감사할 따름입니다.

또한 감사하게도 목회적 환경이 어려웠기 때문에 힘든 적은 없습니다. 그것이 힘들다는 생각보다는 행복했습니다. 오히려 제가 생각하는 교회의 비전에 비해 성취한 것이 적어서 안타까움을 느낄 뿐이었습니다.

대담자 젊은 목회자들과 선배 목사님 사이의 간격이 크다는 마음이 듭니다. 목사님은 비전을 100% 성취하지 못한 것이 아쉽다고 말씀하셨지만, 젊은 목회자들은 목회적 환경으로 인해 힘들 것이라고 예상됩니다.

류승동 목사 동의합니다. 후배 목회자들이 제가 걸어왔던 길에 비해 험난한 목회 환경을 가질 수밖에 없습니다. 탈종교시대, 교회가 필요하지 않다는 생각을 넘어 해가 된다는 마음을 가진 사람들을 대상으로 목회하는 것이 결코 쉽지 않을 것입니다. 이에 얼마 남지 않았지만, 후배 목회자들에게 조금이라도 도움이 되는 목회를 하고 싶습니다.

대담자 목사님! 요즘 젊은 목회자들의 문제가 목회 철학과 목회적 비전의 결여입니다. 목사님 세대가 교단적 차원에서 후배 목회자들이 교회와 목회적 방향성을 가질 수 있도록 지도해 주시면 좋겠다고 생각합니다.

류승동 목사 여담이지만, 요즘 신학대학이 학생 모집에 어려움을 겪는 상황을 보면 목회 환경보다 목회자가 더 어둡다고 생각합니다. 그러면서 '목회자도 조기 교육이 필요하지 않을까?'라는 생각을 해 봤습니다. 하나님의 부르심을 받은 이들은 어린 시절부터 사무엘처럼 길러낼 수 있다면 좋겠습니다.

대담자 만약 목사님이 30대가 되어서 새로운 삶을 살 수 있다고 해도 목회를 하실 건가요? 정체와 쇠퇴를 반복하고 있는 한국 교회 현실이라도 목회를 하실 건가요?

류승동 목사 그렇죠.

대담자 왜요?

류승동 목사 더 잘 할 수 있을 것 같아요.

대담자 아직 한국 교회에 비전이 있다고 생각해도 될까요?

류승동 목사 하나님이 살아계시는 한 비전은 있습니다. 시대가 어렵더라도 하나님이 살아계시기에 소망이 있다고 보는 것입니다.

대담자 그렇다면 어떤 목회자가 되고 싶으세요?

류승동 목사 저는 목회자는 지휘자라고 생각합니다. 지휘자는 노래는 하지 않지만, 단원들이 노래를 잘하도록 만드는 존재입니다. 또한 화음을 이루어서 좋은 음악을 만들어내는 존재입니다. 마찬가지로 목회자는 성도들의 재능, 열정, 헌신을 끌어내는 존재입니다. 성도들이 신나게 일할 수 있도록 동기를 부여합니다.

존경받는 지휘자에게는 다음과 같은 두 가지 요소를 가지고 있습니다. 첫째는 지휘하면서 그 곡을 작곡한 사람에 대한 애정이 있습니다. 작곡가에 대한 애정이 있기에 더 아름답게 표현하려고 애를 쓰는 것입니다. 둘째는 악보에 대한 세밀한 지식입니다. 그래야만 정확하고 아름다운 화음을 만들어 낼 수 있습니다.

저는 목회자가 생각하는 작곡가가 하나님이라고 생각합니다. 또한 악보는 성경입니다. 그래서 정말 좋은 목회자가 되려면 하나님에 대한 경외가 충만해야 하고, 성경에 대한 풍부한 지식이 있어야 합니다. 이것이 목회자가 무엇보다 관심 가져야 할 영역입니다.

목사가 힘듦을 이겨낼 때

대담자 마지막으로 후배 목회자들을 위해 한 말씀 남겨주세요.

류승동 목사 얼마 전에 건강검진을 받았습니다. 몸에 이상이 없는지 세밀하게 검진을 했습니다. 건강을 유지하기 위해서는 정확하게 제 몸의 상태를 알아야 했기 때문입니다.

목회도 이러한 검진이 필요하다고 생각합니다. 목회자로서 무엇이 부족하고, 어떤 면을 극복해야 하는지 알아야 합니다. 목회 철학, 예배 인도, 설교, 교회 교육 등 목회 전반에 대해 세밀하게 관찰해야 합니다. 이러한 검진으로 자신을 돌아보고, 겸손하게 배우고 훈련하는 자세가 정말 중요하다고 생각합니다.

마지막으로 '회복탄력성'이 필요하다는 말을 전하고 싶습니다. 이는 자신에게 오는 시련을 발판으로 도약하는 힘입니다. 목회자도 한 사람의 인간이고, 목회도 하나의 사역으로 부침이 있기 마련입니다. 이때 중요한 것은 한계를 직면했을 때, 하나님이 주신 힘으로 도약하는 것입니다. 힘듦을 경험할 때마다 회복탄력성으로 이기고 승리하는 목회자가 되기를 축복합니다.